与心灵对话

Dialogue with the soul

梁　妍　著

YUXINLING DUIHUA

心理自我调试周记

Weekly Diary of Psychological Self-adjustment

敦煌文艺出版社

图书在版编目（ＣＩＰ）数据

与心灵对话 / 梁妍著 . －－ 兰州 ：敦煌文艺出版社，
2019.5（2022.1重印）
ISBN 978-7-5468-1708-8

Ⅰ . ①与… Ⅱ . ①梁… Ⅲ . ①军人－心理健康－健康
教育 Ⅳ . ① E0-051

中国版本图书馆 CIP 数据核字（2019）第 038614 号

与心灵对话

梁 妍 著

统　　筹：马吉庆
责任编辑：张家骝
装帧设计：马吉庆

敦煌文艺出版社出版、发行
地址：（730030）兰州市城关区读者大道 568 号
邮箱：dunhuangwenyi1958@163.com
博客（新浪）：http://blog.sina.com.cn/lujiangsenlin
微博（新浪）：http://weibo.com/1614982974
0931-8773148（编辑部）　　　0931-8773112（发行部）

三河市嵩川印刷有限公司印刷
开本 710 毫米 ×1000 毫米　1/16　印张 7.5　插页 2　字数 100 千
2019 年 6 月第 1 版　2022 年 1 月第 2 次印刷
印数：2 001～4 000

ISBN 978-7-5468-1708-8

定价：38.00 元

目 录
Contents

第一章

播撒阳光——春之篇

Sunshine

Spring chapter

好男儿志在四方
——过度想家心态自我调适

年轻的朋友们，当你满怀希望与憧憬离开家乡，一下子离开了温馨而又熟悉的家，离开了父母和亲人，很多人都会产生思亲想家的情绪，有的甚至还会偷偷抹眼泪。因远离故乡和亲人而产生想家情绪是人之常情，无可非议，也是一种正常的心理现象。因为在恋家时，人能体味到家的温暖和亲人的爱，感受到美好。但是如果过度想家不能自拔，就会影响你们迈好七彩人生的第一步。

回首离开家乡那一刻，父母千叮咛万嘱咐，到了外面好好学习、好好工作，不要惦记家里，家里的事有我们呢。那么，为什么明知家里一切都好，还会产生过度想家的情绪呢？其实，表面上看想家是思念亲人，实际上是对亲人的一种依赖和依恋心理的情绪表达，是内心不愿面对新环境的一种合理化的借口，是不想为自己负责。

人之所以会想家，是因为我们每个人心里都藏着一个没有长大的"小孩"，想家是你心里那个没有长大的"小孩"想家了。

好了，下面请大家闭上眼睛放松自己，想象你已经看到了你内心那个正在因为想家而抹眼泪的"小孩"，现在用你的爱和包容去陪伴他，听听他想家感受的表达，你也可以陪着他一起抹眼泪。现在给你一项任务，把你内心的那个抹眼泪的"小孩"哄开心，告诉他人总要长大，总有一天要离开家，离开爸爸妈妈。暂时离开爸爸妈妈，是为了今后更好的相聚和陪伴，自强自立才是对爸爸妈妈最好的报答。如果你现在看到了内心那个"小孩"已经擦干了眼泪，开心地接纳了你的建议，那么，请你张开双臂热情拥抱他，并告诉他："我会常来陪伴你，你要照顾好自己。"现在你挥手向他告别，慢慢睁开眼睛，回到当下的现实。好了，请你感受一下自己的内心，你还有原来那么想家吗？

亲爱的朋友，离开父母的呵护，是人生成长的必经过程。优秀的人志在四方，成功的道路就在你的脚下，相信你会在自强自立中迈好人生第一步！

春风吹来，风铃就会展开翅膀，发出悦耳的歌唱。夏雨过后，蒲公英就会敞开胸怀，让孩子顺着风儿飞翔。秋日渐近，母亲会把长大的你送到远方。挥别家乡，放飞梦想的翅膀，去寻找自己的远方。

ENVISION
2

智者为王变者通
——适应不良心态自我调适

紧张的工作节奏、高强度的工作压力、严格的管理制度，使很多初走上工作岗位的朋友感到难以适应，从而出现紧张、焦虑、孤独等消极情绪，这些在心理学上称之为"适应不良"。

人之所以会产生适应不良，在很大程度上是因为我们没有明确自己的目标。我们只是知道自己不想要什么，却不知道自己内心的真正需要。所以，排斥心理就会占主导，身边的人和事以及环境都成了不想要的东西。在排斥心理的主导下，很难融进周围环境，就会产生被动、开脱、逃避等心理。

现在我们已经知道了，任何没有找准方向的努力是无效的。不适应是因为没有清晰明确的努力目标。那么，现在我们就从规划自己的目标开始。我们先来冷静地思考一下，你来到这里的目标是什么？有多大的决心实现这个目标？只要你的决心足够大，目标就能够实现。为了便于规划，可以采取为自己打分的方式来计算出实现目标的决心度。假设最高分数为10分，最低分为0分。对当前自己的处境抱有随波逐流心态打0-2分、抱有勉强为之心态打2-4分、抱有尽力而为心态打4-6分、抱有全力以赴心态打6-8分、抱有誓死捍卫心态打8-10分。下面，我们看一下自己所得的分数。如果低于2分，说明你目前毫无目标，不清楚自己的目的，并处于对环境有着较强排斥的心理阶段；如果低于4分，说明你目前目标比较模糊，没有为自己确立一个清晰明确的目标，对环境基本能够适应，但是对周围事物兴趣不够浓厚；如果达到6分，说明你目前有着较为清晰的目标，对周围环境能够适应，对部分事物兴趣浓厚；如果达到8分，说明你是个有目标的人，而且为实现目标做了精心的准备，并能够为了实现目标而付出辛勤劳动，从来没有感受到对周围环境的不适应；如果达到10分，说明你是一个有目标、有使命的人，有着不达目标不罢休的顽强毅力和坚强决心，自己不但具备了生存能力，而且具备了发展能力。

要改造世界，必须先适应世界。人们都希望改变一些不顺畅的环境，其实真正需要改变的往往不是外在的环境及条件，而是我们内心的态度。"山不过来，我就过去。"我们让自己的心灵清亮起来，世界也会充满明媚的阳光。

ENVISION
3

宝剑锋从磨砺出
——怕苦畏难心态自我调适

亲爱的朋友，随着时间推移，社会生活拉开序幕，刚穿上入学、入职新装时的那种欣喜，会渐渐被繁重的学习任务、紧张的工作节奏所代替，我们的远大理想和抱负也开始受到考验。这时，有很多朋友开始产生紧张、彷徨、迷茫、苦闷等心理情绪，尤其是面对繁杂的工作，会有怕苦畏难情绪，有的甚至感觉自己已经坚持不住了。

为什么会有怕苦畏难的情绪呢？其实是因为我们有好多人对"吃苦"赋予的意义不一样。有的人认为"吃苦是一笔财富"，而有的人认为"吃苦就是吃亏"。所以学习、工作时能逃避则逃避，怕苦怕累，对自己缺乏信心，极大地影响了自己的能量状态。

那么，一旦产生了怕苦畏难情绪，该如何调适呢？大家可以试试下面这个小方法：请闭上眼睛，想象时间穿越，你已经是一位70岁的老者，经历过很多的生活磨砺和苦累，现在你正面对着一个怕苦怕累的年轻人。你先耐心听听那个年轻人怕苦怕累的情感诉说。记住，一定要让他把话说完，不要轻易打断他，允许他哭诉、发牢骚，甚至讲一些出格的话。你只是用你的爱和包容去倾听和陪伴，不要轻易用否定的话语去加以评判。听他讲述之后，你以自己的人生体会帮他分析原因。要注意，在这个环节一定帮他把原因分析透，把你对吃苦的感受和意义用自己的话讲给他听，直到他同意并接受认同为止。如果你看到了那个年轻人满意的笑容和坚定的目光，你和那个年轻人挥手告别，并告诉他今后如果再遇到高兴的或不高兴的事情，都来和你分享。好，现在请你回到当下，感受一下自己此刻的状态。把自己刚才对那个年轻人所说的话，以自己未来老者的身份，给现在的自己写一封信，就叫"未来的来信"吧！

好，现在就开始动笔吧！写好后，请大声朗读一遍。一定要记住，要大声朗读哦！

人生的路，从来都不是一条坦途。你害怕的越多，那么困难就越多，什么都不怕的时候一切反而没那么难。世界就是这样，当你不敢去实现梦想的时候，梦想就会离你越来越远；当你勇敢地去追梦的时候，一切困难都会为你让路。

ENVISION
4

扔掉拐杖行天下
——依赖托付心态自我调适

现在的学生都是90后、00后，大部分都是独生子，是在父母的精心呵护下长大的。有的还被父母过度溺爱和娇生惯养，缺乏摔打磨炼，缺乏自立、自信、自主和自助能力，并且自我独立能力和自我价值感不足，面对紧张的校园生活一时难以适应。有的不敢正视困难，遇到困难就退缩；有的不能正视自己，遇事犹豫不决，凡事总是习惯依靠别人。这些就是依赖托付心态的表现。

其实，我们日常生活中一些同学的依赖托付心态还达不到心理问题程度，更多的是一种惯性思维，是一种习惯行为。因为过去在父母家人的呵护下，养成了"饭来张口、衣来伸手"的不良习惯，到学校后凡事靠自己，忽然感到无所适从、无能为力。矫正这种不良习惯，首先要相信自己、肯定自己，相信别人能做的事情你也同样能做好。有了这种自信之后，你就发现依赖托付情绪，原来只是对过去一种生活状态的留恋。好了，那么现在就让我们一起来探索一下每个人独立做事的内在潜能吧！

现在，你给自己一个假设身份——你是你们班的班长。从现在开始，你要履行一个班长的职责，你要思考本班的一周学习安排，你要思考班里每个人的思想素质，你要试着去了解班里每个人的能力状况等。这些只是思想层面上需要做的，还有更重要的是生活中你要试着帮助同学，每天至少要帮助一名同学做一件事情。比如，你可以试着去帮助学习成绩落后的同学去提高学习成绩，为拿不定主意的同学出主意，随时提醒同学要坚持不要旷课、迟到早退等等。切记，这种习惯一定坚持，不要怕同学嫌烦，甚至挖苦嘲笑。一周结束后，要给自己开个"一个人的班级会"。具体方法是：找个安静的地方，给自己20分钟的时间，对着镜子讲评自己一周的表现，在本子上写下自己的点滴进步和改变，并对着镜子为自己点赞，以自信的口气对自己说："你的进步我看见了！你的成长我看见了！你的潜能我看见了！"

独立是一种心灵减负的智慧。独立的人不仅懂得人生的真谛，还能积极主动地驾驭生活，就像花儿的绽放是为了美丽而不是为了凋落一样。生活中难免有挫折失意带来的烦恼，独立却能让人在困境中得到挽救。

ENVISION
5

无畏结局心不悔
——期待落差心态自我调适

每名新员工都是带着对未来的美好憧憬参加工作的，很多人都想着来到工作单位后，身着整洁工装，在新单位大显身手。可是工作之后，每天工作内容很枯燥，很多人感到很失望，甚至后悔。

这种期待落差往往来自自己的标准和判断，也就是说符合自己标准想法的事就好，不符合自己标准想法的事就不好。工作自身并无好坏之分，而是你个人固有的标准判断定义为"不好"，所以才会有自己认为的"落差"。有了这种所谓的心理"落差"，就会从内心给自己定义为一个"失败者""受害者"的角色。而这种"失败者""受害者"心态，就会加剧对自己"选择错误"的自责，从而对现有事物环境失去兴趣，开始自我放松、自我否定、自暴自弃。

要想调节好这种落差心态，需要我们重塑对自己的认知。那么，现在请你静下心来，自问自答四个问题，用内心真实的感受来回答。当你用客观真实想法回答自己时，你的落差就不再是落差，就会经历从"看山是山"到"看山不是山"再到"看山是山"的觉悟。第一个问题先问问自己：你对现在所处环境的想法是客观真实的吗？若你的回答是真实的，好，那么请你继续回答第二个问题。问问自己：你对现在所处环境看法的回答百分之百是肯定的吗？你的回答也许是，也许不是，但这不要紧，只要有答案就好。第三个问题，问问自己：当你持有以上回答的这些想法的时候，你曾有过什么样的反应？也许你会回答我很失落、难过……这也许是你的真心话。然而真正的问题并不是这些，请再来认真回答第四个问题：当你一天当中专注于某件事，对所处环境没有好与坏的想法和判断的时候，你是一个怎样的人呢？也许你会回答，我是个很开朗的人啊。太好了！这就找到了我们解决问题的核心和症结，环境本身并无好坏之分，所谓的好与坏，都是你的念头和想法所赋予的。

依事物发展的规律行事，积极诚恳地付出，恬淡豁达地对待得失。错过的不懊恼，得到的不狂喜，以积极的心态去体味快意的人生。只要恬淡坚强、豁达超然、万事随缘，无论失败与成功，都能让你拥有人生真正的尊严和欢欣。

ENVISION

6

打开门窗光自来
——自我封闭心态自我调适

初入社会，面对全新的环境、全新的生活，一切都感到很陌生，有些朋友出现拘谨、少言少语、独来独往等表现，这些都是对新环境适应的正常反应。但是也有少数朋友，虽然处在集体温暖的大家庭里，仍然会感到压抑、寂寞和空虚，因此会陷入自我封闭的怪圈。

什么是自我封闭呢？所谓自我封闭就是有意把自己关闭在自我设计的小天地里，将自己生活的圈子缩得很小，不愿或拒绝与他人交往。为什么会产生自我封闭的心理情绪呢？自我封闭的背后其实是安全感不足、自我保护意识过强，核心的原因是对自己不够接纳。

那么，如何自我调节这种心理情绪呢？在这里交给大家一个简单便行的小方法。找一个安静的地方放松自己。现在，想象一下你置身于一间房子里……请你仔细看看房子里面有什么？这个房子的光线怎么样？如果光线很暗的话，就找到电灯的开关，把灯打开。此刻你觉察一下你的感受是怎样的？现在房间的灯已经打开了，请你看看房间整齐不整齐、干净不干净？如果不整齐不干净，现在请你把它整理整齐，打扫干净。现在你的感受又是怎样的？再看看这间房子有窗子吗？窗户有多大？好，现在请你把窗户打开，让阳光从窗户照进来。你觉察一下你的感受是怎样的？请你站在窗户前，看看外面，能看到什么？你的感受又是怎样的？好，请深深地呼吸，吸入窗外新鲜的空气，通过呼吸，排出体内所有的浊气和烦恼。让温暖的阳光照在你的身上，享受这美好的一刻。好了，请打开门，现在我们要走出这间房子。我们沿着一条开满鲜花的小路走回来，慢慢回到我们当下的位置，摸一摸自己的腿、自己的身体，接触一下实在的东西，睁开眼睛，回到当下。

你现在的感受是怎样的呢？请记住，你是自己内心那间房子的主人，要记得"常回家看看"哦，常打开窗子透透新鲜空气，让阳光进来，看春暖花开！

心灵的房间，不打扫就会落满灰尘。扫地除尘，能够使黯然的心变得亮堂。如果不能打碎心中的壁垒，即使给你整个世界，也找不到自由的感觉。把事情理清楚，才能告别烦乱。把一些无谓的痛苦扔掉，快乐就有了更多更大的空间。

天生我材必有用
——自卑退缩心态自我调适

随着生活压力的加大和工作中任务量的增多，有些新朋友在工作中的失误也会不断增多，稍不注意就会出现差错，导致出现紧张情绪。这种由于紧张导致的失误多了，就会出现丢三落四、粗心麻痹等现象。久而久之，事事受拘束、处处怕出错，感觉自己一无是处，致使自尊心和自信心受挫，就会产生自卑退缩心理。

自卑退缩心理产生的原因是什么呢？自卑是一种因过多的自我否定而产生的自惭形秽的情绪体验，主要来源于心理上的消极自我暗示，对自己的知识、能力、品行等做出偏低的评价和估计，总感到自己这也不行，那也不行，什么也比不上别人。通俗地说，就是自己看不起自己。

要消除自卑退缩情绪，首先，要正确认识自卑退缩这种情绪。你以为全世界只有你一个人自卑，其实大家都自卑，只是表现的方式和程度不同而已。因为，每个人身上都有自卑的基因。所以，你现在要做的第一件事就是要放下思想包袱。同时，你要冷静地想一想，导致你产生自卑退缩情绪背后的真正原因是什么？其实自卑的人想让自己比别人做得更好。换句话说，你做的不好并不是因为你不想做好，只是你不相信自己。

没有经历过自卑的自信不叫自信。那么，该如何消除这种不良情绪呢？这里告诉大家一个小方法，也叫"自我接纳七步法"。就是每天对着镜子整理着装时，认真地注视镜子里的自己，给自己一个友好的微笑，然后对自己说出七句话。第一句话：我看见你的优点了，你很勇敢！第二句话：我也看到你的缺点了，你很胆小！第三句话：我要谢谢你，因为你一直很努力！第四句话：对不起，因为我总是忽视你的感受！第五句话：请原谅，因为我过去一直否定你！第六句话：我相信你，因为你一定能够做好！第七句话：我接受你现在的样子，我爱你！

以上七句话，请每天重复，每天更换语言。

当你喜欢你自己的时候，你就不会觉得自卑；当你宽容别人的时候，你就不会感到别人和你站在了敌对的位置上。能有这种感觉时，即使你仍然没有很多的朋友，但你也一样会感到满意与心安！

ENVISION
8

狭路相逢勇者胜
——恐惧胆怯心态自我调适

进入新环境后，有些朋友对新环境难免不适应，又不敢向别人说，怕朋友笑话自己，心中十分苦恼；有的朋友还会对某些人、对某些物品、动物，或者声音、景象、场景等感到莫名的恐惧，这就是心理学上所说的恐惧心理。简而言之，就是一种有明显的害怕对象，又有明显害怕行为的情绪表现。

恐惧被心理学家称为人类"情绪之冠"。就是我们平常所说的"害怕"，这种状态一经产生，人们就出现焦急、紧张、惊慌、胆怯等现象。恐惧心理是人类自卫的一种心理机能和生理本能，是人们在面临一种危险情境，企图摆脱而又无能为力时，所产生的一种压抑情绪体验。恐惧的意义在于可以提高神经系统的灵敏度，并能使意识性增强，这对我们提高面对潜在问题的警觉性很有帮助。

适度的恐惧对人不仅无害，而且是一种高能量的情绪。接下来，就让我们一起来调节恐惧退缩心理。现在请你闭上眼睛放松自己，想象一下，在你的床底下藏着一个装有可怕东西的盒子，打开它才能知道是什么，请不用担心，这只是一个想象而已，而且我会和你一起打开它……请深呼吸，感受恐惧画面。现在，也许你看到了你最害怕的东西，尽管你现在很害怕，但是记住一定不能退缩，不管发生什么你都要坚持面对，因为这只是个想象而已。如果特别恐惧，那么请深呼吸，继续坚持面对。也许你此时会说，我坚持不住了，我极度害怕，那么请你在面对极度恐惧的画面时距离稍微远一点。情绪稍好后，请再继续慢慢接近画面或者场景，一直到你内心这个恐惧的东西或者场景有了最后的结局，你的情绪接近平静为止。

好了，现在你已经知道了事情的最后结果，请睁开你的眼睛，对自己说：你太勇敢了！其实事情并没有那么糟糕！只要敢于面对，事实远没有你所想的那么可怕。原来，恐惧都是你自己过度想象所导致的！

我们有时总把后果看得过于严重，最后为难了自己。就像小学时考试不及格，站在家门口不敢敲门，其实门那边是热气腾腾的饭菜和妈妈的鼓励："努力了就很好！"。回过头来看，那些曾经让自己寝食难安的事，大多是败给了自己的勇气。

ENVISION
9

宁静致远心悠然
——焦虑烦躁心态自我调适

焦虑是一种复杂的心理现象。是对未知结果的过度想象而导致的担忧、恐惧、烦躁等情绪反应，是一种很普遍的综合性情绪。是因为想象不能达到预定目标和不能克服各种障碍，所表现出来的紧张不安、忧心忡忡的心理状态。比如，在即将参加考试考核、登台演讲、表演、迎接上级领导以及在面对个人成长进步、处理家庭关系等方面，有很多朋友都有过焦虑担心的情绪体验。这是对核心自我的批判，也就是核心恐惧，其实就是怕我做得不够好，那么我就是一个无用的人。因此我们不允许自己做得不够好，也因此极度担心。

所有的焦虑感产生的时候，我们的意象中都会出现一些乱的场景。比如说，有人焦虑时会感觉自己像一个热锅上的蚂蚁，有人焦虑的时候会感觉一个广场上有很多人窜来窜去，有人焦虑的时候会看到一个小耗子在一圈一圈地转圈……所以，我们把焦虑也常常叫作慌乱，先是慌，然后就乱，乱了就焦虑。

所以，解决焦虑的最重要一个方法就是把乱变成不乱，把紧张的变成不紧张的，把乱动的东西让它静下来，让它秩序化、条理化。

　　下面，就让我们进行一次意象对话自我练习。现在想象你正在走出校区，走到外面繁华的街道上，街上有汽车、自行车、商铺以及很多行人，声音非常嘈杂、秩序杂乱无章。不要停下来，继续往前走。不远处有一个街心花园，你看见那儿有一片草地，有一棵大树，大树下还有一个长椅。好，现在请你在长椅上坐下来。这时候，你听到嗡嗡的声音，原来是一些蜜蜂在飞来飞去。你突然发现，在树下有很多蜜蜂，你抬头发现树上有一个蜂窝。现在天渐渐地暗下来了，蜜蜂正在归巢。想象一下，此时你面前的蜜蜂也越来越少……远处的车的声音越来越远……远处的人声越来越小……身旁的蜜蜂也都归巢了……你感到周围非常平静祥和……夕阳就要落下去，周围非常平静。一切都各就各位，只有一片宁静留在这里……

　　　　人生最愚蠢的事莫过于预支烦恼。因为每一天都有每一天的事，明天有很多事都是无法提前的，是不依人的愿望发展的。最好的人生态度，就是努力活在当下，过好今天，这样我们就可以少去许多无谓的烦恼。

ENVISION

10

赠人玫瑰有余香
——自私自利心态自我调适

自私心理，是指以我为中心的一种心理表现。自私自利是一种较为普遍的心理现象。自私心理严重的人，在社会生活中表现为经常性过分顾及自我、过分关注个人利益。简单讲，就是只想着自己、全然不顾他人感受，以自我为中心、时时为自己着想，以个人为中心、处处替自己打算。

利己是人与生俱来的本性，它归根结底源于生存需要。每个人都可能会有自私的时候，但只要这种私心没有伤害到他人、集体或国家，则属于一种比较轻微的自私心理。如果发展到无论做任何事情，都只考虑自己的利益，毫不顾及他人、集体、国家的利益，则属于一种比较严重的病态自私心理。如果是第一种情况，则不必过分担心。如果是第二种情况反复出现，且程度较重，就应及时进行自我调适。

那么，有了过于严重的自私自利心理情绪后该如何进行自我调适呢？下面教大家一个调适方法：想象你看到有一个人正在做一件事情，请你仔细观察这个人在做这件事时的面部表情、肢体动作并揣摩此时他内心的想法。然后，你感受一下自己的内心情绪。这时，你忽然发现桌子上放着一把具有"特异功能"的手电筒，你打开手电照射他的心脏位置，此时你看清了他做这件事的真实想法。好了，现在你先制止他的行为，然后告诉他这种行为的危害性。请你注意他的反应和表现，他也许不认为自己给别人造成了危害，并认为这是天经地义的。现在请你把手电筒给他，请他自己照射自己，让他看清自己的所作所为给别人带来的伤害。现在请你告诉他：要站在别人立场考虑问题，学会与人分享，才会收获成功和友谊，赠人玫瑰手有余香！现在请你帮助他以"大家好"的方式完成这件事情。

好了，想象这个具有"特异功能"的手电筒归你了，请你把它保存到一个安全的地方。每当做事情的时候，请你拿出来照照自己内心，让心灵始终有一束智慧与友善的光！

　　当我们的内心在自私、狭隘、执拗的泥潭中挣扎时，周围的一切都似乎在与我们作对，使人生如临深渊、如履薄冰。没有心态上的宽容，就不会有行为上的从容。只有改变心态，才能让我们心胸豁朗达明，从而彻悟人生。

　　拥抱阳光，温暖自己，照亮他人。以良善之念养性，以公德之心处事，见素抱朴，少私寡欲，以从容、自信和超然的气度，去营造一个友善快乐的生活环境，拥有一个轻松、自在的人生。

ENVISION
11

要做冬天一把火
——冷漠冷淡心态自我调适

　　冷漠是指对他人冷淡漠然的消极心态。冷漠主要表现为对人怀有戒心甚至敌对情绪，既不与他人交流思想感情，又对他人的不幸冷眼旁观、无动于衷，毫无同情心。

　　冷漠背后是缺乏爱的表现，冷漠冷淡心态时常表现出一种麻木、消沉、萎靡、不在乎、无所谓等冷漠情绪和消极态度。对外界客观事物和自身状况漠不关心、无动于衷，在人际关系里表现为孤单、不合群。一些人在社会上或工作中碰了几次钉子以后，便心灰意冷起来，自以为看破了红尘，看透了人生，热情消失了，兴趣没有了，对一切表现得很漠然。这种冷漠心态对个人发展进步和心理健康有着极大的危害。

　　冷漠冷淡心态长期发展下去就有可能转化为性格特征。由于对周围的一切人和事物都抱有漠视的冷淡态度，因而不能深入到集体生活中去，不能和周围的人心灵相通，他们看不到真正的生活和真正的人生，看不到未来的希望和曙光。伴随冷漠而来的，必将是内心深处的孤寂、凄凉和空虚。

那么，有了冷漠冷淡心理情绪该如何调适呢？找一个舒适安静的地方，调整自己的姿势，让身体慢慢放松下来……带着这种放松的感觉，请你想象你来到了一片草原上，你可以放松地坐下来。这里正在举办一个特殊的聚会，来参加的是各式各样的动物。现在，你可以呼唤一下动物们，然后就可以静静等待，等待动物们自己出来……还有一些新的动物也出现了，你可以慢慢看，分别和它们打个招呼，体会一下它们的状态……它们都在做什么……它们彼此之间的关系如何……在想象中，让这些动物用自己喜欢的方式彼此打个招呼，然后围坐在一起，唱歌跳舞。此时，你看到每个动物都尽情地在表现、沟通、交流……此刻，是一幅安全、祥和、友爱的画面。注意感受一下自己的情绪。

现在，该是离开的时候了。用你喜欢的方式跟它们告别，告诉它们：我会常回到你们身边，常和你们沟通交流的……

　　爱自己与爱别人，是事业成功和追求人生精彩的光荣使命。健康而正义的爱，能催人奋进，给社会带来昂扬向上的浩然正气。人与人之间的冷漠则是社会的黑洞、生命的陷阱。当世界缺乏爱时，人会被冷酷吞噬而万劫不复。

ENVISION
12

且敬往事一杯酒
——病态怀旧心态自我调适

怀旧是一种正常的心理现象，对往事的回忆、对亲朋好友的美好回忆，实际上是一种美德。病态怀旧则是与此不同的一种怀旧方式，主要表现为强调今不如昔、思想复古，虽然生活在今天，兴趣爱好却停留在昨天，思想行为与周围环境格格不入，这就是病态的怀旧心理现象。

病态怀旧心理是个体现象，经常随着个人的生活经历、身体状况、人格特征而转移。病态怀旧者常常沉溺于对过去的追忆中，依恋过去的事情、友人或恋人以及经历，不厌其烦地重复述说，反复将过多的时间放在了追忆上，表现为对现状的不满意，以至于严重影响正常的工作和生活。

病态怀旧的原因很多。主要是因为面对新环境，原有的生活环境、思维模式未能随之改变，而出现失落感，导致主观上的一种对现实生活的回避遁逃，表现为对过去事物的过分依恋、对往昔的过分沉溺等。病态怀旧者不肯承认问题根源在自己，而是将挫折合理化，把原因和责任全推给环境或变化。这样会造成更大的挫折和不适应，逐渐扩大与环境、事物的隔阂。

那么，有了病态怀旧心理情绪该如何自我调适呢？下面，就教大家一个自我调适的小方法：请选择一个舒服的姿势坐好，从头到脚逐步放松。想象自己来到了一个博物馆，博物馆里面有很多兵马俑。请你选择一个兵马俑，用手抚摸他，感受一下兵马俑的材料、大小、胖瘦等。这时，奇异的事情发生了，在兵马俑的头顶有一个喷头喷出水来，淋在兵马俑身上，兵马俑仿佛在沐浴。随着温暖的水流下来，兵马俑浑身都被水淋湿，随着泥土一块一块的脱落，露出了光洁的皮肤，就像剥开的白白嫩嫩的鸡蛋一样。此时，感受一下自己的内心体验。现在，兵马俑已经完全洗掉了身上所有的泥土，请帮他披戴盔甲，目送他精神抖擞、英姿飒爽、踌躇满志地走出敞开的博物馆大门……

　　　　放下过去，你才能过得更幸福！努力改变你的心态，调节你的心情。学会平静地接受现实，学会对自己说声顺其自然，学会坦然地面对厄运，学会积极地看待人生，学会凡事都往好处想。

　　　　我是一颗向日葵，绽放在花田的边际。雨季里总有午后的清风来问候我。你是在等太阳吗？不，我是在追逐太阳。我拉开了嘴角大大的弧度。清风不解，便游荡到别处去了。一个太阳早已在我生命中升起。太阳说，它叫梦想。它是我生命的魂。

ENVISION
13

宁心静气方为道
——心浮气躁心态自我调适

　　生活中，有些朋友无论做什么都急于求成，没有办法静下心来做事情，这就是我们常说的心浮气躁。心浮气躁的人想要更快更多地完成一些事情，急于得到结果，以至于没有办法关注事情的过程，最终导致所有事情都没有很好地完成。

　　浮躁是由于那种内在冲突所引起的内心焦灼不安的情绪状态或人格特质，是一种急躁的心理和精神面貌。简而言之，就是面对难以预知的变化和有形无形的压力时，心烦意乱、魂不守舍，或者着急上火、不知所措，或者随波逐流、得过且过。受这种心理情绪影响，做事往往无恒心、见异思迁、六神无主。

　　浮躁，比较接近焦虑。"浮"指性情飘浮，不能深入、不踏实；"躁"是指脾气急躁，自以为是、骄傲自满。很多朋友在生活中都有过这样的体验，常常会听到有人说："烦死了，没意思。"浮躁其实是一种病态心理表现，其特点：一是心神不宁，做事无恒心，见异思迁，不安分守己，对前途毫无信心；二是焦躁不安，不能静下心来踏踏实实地学习、工作，而是求多、求快，希望一口吃个胖子；三是急功近利，盲目与他人的攀比，能耐小、脾气大；四是盲动冒险，行动之前缺乏思考，为图一时之快，将可能的后果置于脑后。

"非宁静无以致远，非淡泊无以明志。"浮躁心理的存在必然对一个人的职业生涯产生严重的不良影响。那么，应该如何调适心浮气躁的心理情绪呢？下面，请静下心来认真通读以下步骤：一是回想曾经令你感到烦躁的一件事情。二是问问自己：烦躁带来的正面影响是什么？它能够为你带来什么益处？它能为你做什么？引起什么结果？当你认为自己找到了答案，请尝试在免受任何压力或不适情绪的影响下，提出至少三个可以从烦躁中受益的方面。三是重新评估，你是否对烦躁有了新的看法？如果仍然存在疑虑。请重新掂量这些矛盾的利弊。当你发现完全接纳了这些新策略，说明你已经做好了继续前行的准备。

　　安静也是一个人的修养。当一个人极力地想表现自己的时候，他是安静不下来的；当一个人的欲望得不到满足的时候，他是安静不下来的；当一个人分不清是非恩怨的时候，他是安静不下来的。只有当你专注于某事时，整个世界都是你的。

ENVISION
14

心中有情情相伴
——孤独孤单心态自我调适

所谓孤独，就是缺乏正常的社会接触。孤独是一种不愉快、苦恼的主观体验，是人们非常排斥的一种状态，它会给人们带来种种消极体验，如沮丧、无助、抑郁、烦躁、自卑以及绝望等情绪，因此孤独对人们的身心有着极大的危害。

孤独往往是社会关系缺陷造成的。我们的生活是火热的，丰富多彩的，然而有的朋友却常常感到自己是茫茫大海上的一叶孤舟，害怕交往，莫名其妙地封闭内心。他们不愿投入火热的生活，却抱怨别人不理解自己。

孤单常被视为是人类痛苦最普遍的来源之一，每个人隔一段时期就会被孤单的感觉包围，并会持续一段时间，甚至终身为寂寞所苦。一些权威的学者已经观察到，孤单正侵袭着现代的都市人，情况已经严重到每两个人之中，就有一个人感到孤单。有人曾对四万个人做问卷调查，结果有一半的人表示"自己常常有孤单的感觉"。

实际上，孤独孤单的真正原因是，感觉跟别人缺乏有意义的接触，是一种内在情感被隔离后的空虚，有时掺杂有悲哀、灰心、被孤立、不安、焦虑、被拒绝的情绪。当人感到自己被排斥在外或者不被需要，或者被人拒绝时，即使是在人群之中也觉孤单。

孤独是不可避免的，要坦然接纳自己、完善自己，学会承受孤独、享受独处。那么，如何战胜孤独呢？就是要学会"和自己说话"。把自己当作自己最好的朋友、最棒的心理咨询师、最崇拜的偶像、最可信赖的那个人。因为有谁还会比你自己更加懂你的心呢？当你感觉孤独孤单的时候，试着和自己聊天，比如，可以聊聊今天的天气，聊聊自己最高兴或者最苦恼的事，聊聊自己工作上的一些打算，聊聊自己内心的那些小秘密……对于这些不去评判、不去指责、不去定义，只是去细细地体验这个过程……这其实就是接纳陪伴自己、无条件积极关注自己，这就是爱自己的过程。你会发现，只要心中有情有爱就不孤单！

若岁月静好，那就颐养身心；若时光阴暗，那就多些历练。路是一段旅程，走是一种过程，痛是一种直觉。把自卑从你的字典里删去。不是每个人都可以成为伟人，但每个人都可以成为自己真正的主人。

第二章

茁壮成长——夏之篇

Summer

Summer chapter

云自无心水自闲

——紧张担心心态自我调适

大多数朋友都能够自觉做到勤奋学习、认真工作，都想成为自己心目中理想的人。但是也有少数朋友，在学习工作中总是担心、害怕不能达到目标或不能克服障碍，致使失败感和内疚感与日俱增，由此形成一种持续的紧张不安状态，成为一种心理负担。

这种消极主观的体验往往是因为在以前的实践中经常遭受失败和挫折，自信心不足，对完成任务的条件认识不全面，而产生种种担心。产生紧张担心情绪的主要原因是：在完美主义的作用下，过分追求事情的完美结果，而在过程中又常陷于过去某一个失败场景的记忆中，忽略了当下自己的表现。这个担心其实就是怕自己做得不够好，那么我就是一个不优秀的人。因此我们不允许自己做得不够好，也更加导致担心。

紧张担心并不是病，适度的紧张不仅无害，反而可以使人心情振奋，提高效率，思维敏捷。但是过度紧张，会对人的意志产生抑制和阻碍。具体表现为注意力分散、思维迟钝混乱等等。比如，人前发言语无伦次、遇到陌生人就脸红心跳……

有了紧张担心情绪该如何调适呢？首先，要看到紧张情绪的正面意义，你会发现你的紧张是因为担心、害怕自己遭受失败，想让自己能够安全顺利完成任务。那么，接下来，请紧紧地拥抱你的紧张情绪，想象自己抱着伴随了自己多年的紧张情绪和担心的念头，把你的爱带给它们。用你自己的话去抚慰紧张的情绪，并和它们温柔的告别。对它们说："谢谢我亲爱的紧张情绪，我看见你了，我看见你是多么的想让我能够安全，能够逃离失败、战胜挫折，取得完美的结果，真的非常感谢你！从今天开始，我要学会放下，我不再害怕失去，我知道我要勇于面对一切。我知道，我只有放下才能看到真相。"好了，下面请随着深呼吸，在内心对自己说："只有放下才能做到接纳，我会用新的方式照顾和保护自己，过去不管发生了什么，都已经过去，感谢过去的自己，现在我已经有足够的能力面对一切挑战！"

我们的悲哀，不在于昨天的失去，而是沉陷于曾经的记忆。有些人你再等也不会来，不如留给自己空间。有些事不再重演，不如淡漠往事。有些错要宽容，有些伤要静养。毕竟这尘世中，没有永不释怀的似水流年。

ENVISION
2

衣带渐宽终不悔
——工作烦躁心态自我调适

工作中的烦躁状态，就是对事物不感兴趣。那么什么是兴趣呢？所谓兴趣，是指人力求接触某种事物或从事某项活动的一种心理倾向。如果一个人对某种事物、某项活动、某项工作有浓厚的兴趣，就会全身心地投入，努力在这方面有所作为。反之，就会产生厌烦、烦躁以及焦虑等情绪。

那么，我们为什么会对一件事情没有兴趣呢？这是因为一个人对某项工作能否产生浓厚的兴趣，与能否认清这项工作的价值有着直接联系。所以，只有当你真正认清了所从事工作的重要性，切实感到为此付出辛勤的汗水是值得的，就会满腔热情地投入到这项工作中去。

那么，我们一旦对工作产生厌烦情绪后该如何自我调适呢？做或者不做任何事，都是由我们的价值观决定的，只有找出意识和潜意识的价值排序，我们才能认识到内心的推动力，也知道了内心对事情的看法，才可以理性的调节行为。

下面，我们就学习掌握一个简单的自我调适方法：请准备一张纸和一支笔。第一步，请你写下对工作的七个价值认知，比如：提升能力、磨炼意志、履行职责、成长进步、获得友谊、又苦又累、不是专业技术、不是兴趣爱好所在等。第二步，将你给出的答案按照你心目中的重要性依次排序。第三步，现在请你将笔放下，把两只手放在眼前，先望着左手心：说出工作的种种不好；然后再望右手：说出工作的种种好处。第四步，现在请你将双手合一，在心中问问自己：工作会失去什么？不工作能得到什么？你自己真正的兴趣是什么？你自己真正想要什么？第五步，现在重新把你对工作认知的排序排列一下，写到纸上。你会发现，你现在对工作价值的排列，与你最初的排序是不同的。其实，你现在已经看到工作本身的价值所在，而不再是你的想法所定义的。好了，请再次双手合一，你会感觉到你的右手有股力量慢慢传遍全身，此时你会忽然发现一个全新的自己。

最短的路往往不是最快的路。生命中的捷径，往往就是不避曲径的睿智抵达。走弯曲的小路，路途可能远，但在曲折回转之间避开了无畏的纠缠耽搁，创造了更高的效率。曲径通幽，渐进的步伐里，是更稳健的成功。

ENVISION
3

学贵有恒志贵专
——走神溜号心态自我调适

很多朋友可能都有过这样的状态：工作或学习时总是思想开小差，一会儿想东，一会想西，总是不能集中精力做一件事或听一堂课，有时看似在认真听讲，也是左耳朵进、右耳朵出。这就是我们常说的走神、溜号、神游、分心。

走神是一种正常现象。研究发现，人的注意力很难长时间集中，会受到外界的干扰，也会因内心的情绪波动受到影响。可以说，走神本身无大错，偶尔出现也是对大脑疲劳的一种缓解。但如果在不恰当的场合频繁出现，就会影响到学习工作，甚至造成心理负担。

其原因主要有：一是对眼前的事物不感兴趣，甚至产生厌倦情绪。二是思维活跃，想象力较为丰富，从某个细节产生发散联想，使思维处于游离状态。三是目标迷茫，不知道自己要什么，为什么来这里？为什么工作？缺乏动力。四是期望太高，压力过大，人际关系紧张等心理困扰导致走神。

下面，就教大家几个自我调适的小方法。方法一：找一张A4白纸，在纸上画一个直径3厘米的橙色实心圆，在距离1.5-2米的位置，站着或坐着，高度与眼睛平视，从5分钟练起，最好眼睛都不要眨，坚持下去必有效果。方法二：每次跑步时，把注意力放在自己的呼吸上，详细数自己的呼吸，感觉呼吸的频率、深度。久而久之，你就能学会专注地去做一件事。方法三：从3开始，隔3就数，如3、6、9、12、15……数到300，再从300开始，隔3倒数，数到3。也可以选择从其他数字开始。不管怎样数，先记下时间，看多长时间数完。这样练习下去，就会使你的注意力越来越专注。

左手画方、右手画圆，则两不成。心不专一，不能专成。用心专者，方能成事。希望朋友们能够早日克服走神溜号的心理情绪，集中精力投入到学习工作当中去。

很多时候，我们明明早就下定决心，要踏踏实实干成某件事，可总是在起步的时候，被想象中的困难所击败。我们的问题不在于没有准备好，而是在于我们不够专注，总是想得太多，做得太少。

举重若轻是从容
——压力过重心态自我调适

　　压力，是当人们去适应由周围环境引起的刺激时身体或者精神上的生理反应。简而言之，压力就是当你认为处理问题所需的能力超越你拥有的能力时，产生的不恰当的心身反应。压力是生命中的一部分，人活着就会感觉到压力。压力是有益的信号，也是无形的杀手。压力既是问题，也可能是机会，关键在于我们如何认识和调节压力。

　　生活中的压力表现有两种：一种是用心理症状来表达压力，比如我们所熟知的抑郁、强迫、恐惧、焦虑等；另一种表达压力的方式就是躯体化，就是把心理问题转变为躯体问题，也就是常说的心身疾病，比如高血压、胃溃疡、慢性头痛等。

　　既然人人都会有压力，那么为什么有的人压力大，而有的人压力小呢？这里原因有很多，但是最主要的一条在于我们对周围事物产生的认知不同。比如，同样一件事，在某些人眼里简直不足挂齿，而在另一些人看来却是天大的事。所以说，是举重若轻，还是举轻若重，这与一个人的性格有很大关系。那些对自己要求过多、过严的人，就容易把小事放大，小压力也就成了大压力。

下面，就教大家一个自我调适压力过大的办法：当生活中某个时段或者某件事产生压力时，你可以找个安静的地方，先放松自己，想象自己来到了一座浓雾缭绕的大山里，你从头到脚都被浓雾笼罩着，看不清自己也看不清周围，此刻感受一下自己的情绪是怎样的？这时忽然一阵清风吹来，周围的浓雾慢慢散去，你才发现自己原来站在一个坑里。请你看一下这个坑有多大、多深？是什么地质条件的？坑里有什么……你的感受是什么？那么，现在你要从坑里爬出来，你打算以什么方式爬出来呢？如果感觉自己爬不出来，就让你的好朋友来帮助你。爬出来之后，你的感受又是怎么样的？好了，现在再请你回头看看这个坑到底有多大？你此刻的感受和刚才站在坑里的感受是否一样？此时你发现了什么……

真正的忙不是身忙，而是心忙。真正的累不是身累，而是心累。当你感到忙、觉得累的时候，是因为价值的迷失和过多的欲望。少计较、多宽容、知满足，心也就平和了。顺其自然，随遇而安，懂得放下，生命才会更加完美。

ENVISION
5

阳光总在风雨后
——挫折失败心态自我调适

　　挫折，就是失败、失意、受阻的意思，一个人希望得到的某种东西，经过努力没有得到就叫挫折。遭遇挫折后，个体对挫折的感受、体验称为挫折感。我们每位朋友都是怀揣着美好理想和愿望步入社会生活的，可是当自己的理想和愿望不能实现时，特别是晋职加薪等愿望落空时，就会产生失望、压抑、沮丧、忧郁、苦闷等情绪反应，这些都是我们常常所说的挫折失败情绪。

　　挫折是一种人人知晓、个个有体会的情绪。但是由于每个人对挫折所赋予的意义不同，因此人们对待它的态度也不同。有的人遇到挫折后首先是害怕，由害怕到丧失斗志，到自暴自弃，再到失败；失败之后更加害怕，于是进一步丧失斗志，进一步自暴自弃，然后遭到更惨的失败。而有的人遇到挫折同样是害怕，但害怕之后不是丧失斗志而是奋发，不是自暴自弃，而是吸取教训、调整方法，于是便获得了成功；成功之后更加奋进，于是进一步吸取教训，调整目标，获得更大的成功。

　　那么，该如何自我调适挫折失败心理情绪呢？现在我带大家进行一次"荒岛探险"之旅。请你闭上眼睛放松自己，想象我们要去一个没有人烟的荒岛，想想这次探险你要实现什么目标？你要携带什么生存物品？放下现有的什么东西？这些都想好之后，现在我们出发！我们首先遇到的是一条湍急的河流，河水很深很冷，不管你用什么方式，必须通过这条河流。此刻感受一下自己的心情。过河之后，我们现在又遇到了一座大山，悬崖峭壁、荆棘丛生、没有道路，但是不管多难你都必须翻过这座山。此刻感受一下自己的心情。接下来，我们要穿越一个野兽聚集区，老虎随处可见，毒蛇穿行。此时感受一下自己的心情。好了，现在我们结束这次探险之旅。请回到当下。回顾这次特殊旅行，回想一下自己每个时段的感受，想想自己失去了什么？得到什么？

　　　　自己把自己说服了，是一种理智的胜利。自己把自己感动了，是一种心灵的升华。自己把自己征服了，是一种人生的成熟。自己把自己超越了，是一种发展的成就。挫折使人成熟，失败催化成长，磨难考验品格，不幸铸就坚强。

ENVISION
6

拨云见日艳阳天
——悲观压抑心态自我调适

现代社会学习工作节奏比较快，竞争激烈。一些性格内向、好虚荣的朋友承受不了紧张的节奏和氛围，在工作和生活中遇到挫折时，就会把各种不愉快的事情压抑在心里，表现出情绪低落、行动缓慢、语言减少等。

压抑，在心理学上专指个人受到挫折后，不是将变化的思想、情感释放出来，而是将其压抑在心里，不愿承认烦恼的存在。压抑能暂时减轻焦虑，但不能让焦虑完全消失，压抑成了一种潜意识，从而使人的心态和行为变得消极古怪起来。压抑心理一般容易发生在性格比较内向的朋友身上。有想法不愿讲出来，常因为一些烦恼事耿耿于怀，消极的情绪长期得不到排遣就会转化为压抑。

为什么会产生压抑悲观心理情绪呢？因为有的人与外界发生矛盾时，不是积极地调整自己与外界的关系，而是回避矛盾，以求得心灵上的安静。其实，回避矛盾不等于解决矛盾，矛盾依然存在。到了一定极限不能承受和控制时，就可能做出"一鸣惊人"的事，或导致抑郁，严重的会导致精神失常。

那么，就让我们一起来自我调适压抑悲观情绪。当某件事引发了你的压抑情绪时，你要理清楚到底发生了什么？你感觉自己身体哪些部位不舒服？好，请你现在躺在床上，尽量伸展你的四肢，头脑也开始放松，想象自己漂浮在大海上，去感受无边无际的大海正在轻轻地摇晃着自己。现在你可以用手触碰你身体不舒服的部位，感知身体淤堵的部位是一个小小的火山口。现在用力握紧你的双拳，想象身体淤堵的情绪和头脑里烦恼的念头，都如同火山爆发一样，从那个火山口喷发而出。此时，你可以发出声音，尖叫、呐喊，但你不要去评判，只要发泄出来，把所有的愤怒情绪、烦恼和压抑……统统让它释放出来，随着翻滚的浪花让它们融进大海、消失不见。当你把所有压抑情绪都释放完了，现在你可以放松你的双拳，感受一下你身体放松时的状态……

> 快乐是一种精神力量。快乐的人热爱自己，也会热爱他人。人愈是快乐，愈充满自信，为人含蓄谦虚，心理承受能力愈强，成功率也就愈高。相反，忧心忡忡的人，愈软弱自卑，嫉妒心愈强，也愈容易与人发生冲突，就会离顺境愈远。

沉着冷静平常心
——考核焦虑心态自我调适

考核焦虑又称考核恐怖，是指由特定应考情境引起的心理情绪，往往在考核临近时表现出来，随着考核结束而逐渐消退。考核焦虑是因考核压力引起的一种心理状态，严重的会有失眠、消化机能减退、全身不适和自主神经功能失调等症状。这种状态影响人的思维广度、深度和灵活性，降低应考注意力、记忆力，直接影响考核成绩，严重者甚至无法参加考核。

考核焦虑是一种常见的现象，是受个人认知评价、人格因素及其身心因素的影响，常常表现为担心、害怕、紧张、慌乱等情绪反应。有严重者身体的紧张程度超出了应对考核所需的正常紧张程度，会出现防御或逃避等行为。

有考核焦虑的朋友在工作中要学会端正考核动机，摆正考核心态，把考核当成一次游戏挑战，一次考核不能代表自己真正的能力，突破"我不行""我不能"等限制性信念。同时，也要保持合理期望水平，制定可行的目标，既不高估自己，也不低估自己。

考核焦虑，往往与自己过去考核失败的记忆有关。考核焦虑自我调适的方法很简单，就是要找到一种应考成功者的状态。那么，现在就让我们一起来感受体会一下。现在请你进入放松状态，想象你身边的一个考核成功者的形象，让我们一起来看看他是怎样应对考核的。你现在开始仔细观察他应考的所有细节，他如何着装、他会有什么样的姿势、他的手放在哪里、头的姿势如何、眼睛看哪里、说话时是什么样子以及他的声音语调等。现在，你看到的是考官满意的微笑，你看到的是别人露出的钦佩眼神，你听到的是朋友热烈的掌声……感受一下自己此刻的情绪。好了，现在想象这个人就是你自己，请按照刚才你看到的一切重新再来一次，一切都按照你看到和想到的去做。当你完成了这个过程时，你再感受一下自己此时情绪。只要这样反复多做几次，你就能够把这种状态保持好，并应用于实际考核当中，成为一名从容淡定的应考者。

　　生命中，我们难免会陷入由自己构筑的"枯井"里，会有各种掩埋希望的"泥土"倾倒在我们身上。摆脱困境的办法其实也简单：将"泥土"抖落掉，然后站到上面去！让困难变成我们前进的铺路石。

ENVISION
8

千磨万击还坚劲
——意志薄弱心态自我调适

意志力是指一个人自觉地确定目的，并根据目的来支配、调节自己的行动，克服各种困难，从而实现目的的品质。意志力薄弱的人，总是不断重复消极的想法。往往有"我真倒霉""烦死了""累死了""我干不了这个""我讨厌我的工作""我讨厌我的领导"等消极的念头。当这样的思维占据脑海时，我们的身心状态也跟着消极。

意志力发挥作用的过程有时是为人们所熟悉的，而有时却是以某种隐密的方式悄悄进行的。但一般来说，当一个人完全受意志力的支配后，就感觉不到欲望、情绪和感官等力量的存在了，意志力可能会完全地根据道德伦理的标准来采取行动，或者完全将道德问题搁在一边，不去理会道德的要求，而根据其他某种因素来采取行动。

意志力是一个人的内在修为体现，是不能形容的、不能解释的，它似乎不存在于普通的感官中，而隐藏在心灵深处。每个人的体内都有一股天生的、无所不能的力量——意志力——在沉睡。意志力具有三重角色：意志力是身体的主人；意志力是心智的统帅；意志力是道德的导师。可以这样讲，只有拥有强大的意志力，才能拥有美好的人生。

如何才能改变意志力薄弱这种状态呢？教大家一个意志力训练小方法，叫"认知重新定义法"。当我们做不到某件事情的时候，常常会定义：我做不到。其实，你并非真正做不到，你是把"我做不到"当成一个信念的包袱，阻碍了做事的信心。那么，我们如果把这句话换种表达方式：到现在为止，我尚未做到。此时，你的感受是怎样的？事实上，"我做不到"是在描述一件过去的事实，是过去你没有做到的。"我尚未做到"是因为过去我不懂得方法，假如我懂得方法，我就可以做到。现在你的感受又是怎样的？

这个方法看似简单，但是只要改变看问题的角度，人的能量状态就会发生改变，只要你能够持之以恒反复练习，你的意志力就会逐渐增强。

人生是一场寂寞的旅行。没有自我目标，人生将是盲目的。放下懒惰，奋斗改变命运。绝招就是把一件平凡的小事做到炉火纯青，这就是绝活。提醒自己，上进的你，快乐的你，健康的你，善良的你，一定会有一个灿烂美好的人生。

ENVISION

9

云程有路志为梯

——自暴自弃心态自我调适

自暴自弃就是自己甘心落后，不求上进，自己瞧不起自己，放任自流、甘于落后或堕落。抱有自暴自弃心态的人，他们看自己前途一片黑暗，于是也就缺乏前进的动力、缺乏前进的目标，于是采取了"破罐子破摔"的态度。

自暴自弃的人表现有以下特点：一是灰心丧气。往往认为自己无可救药，比他人矮一截，所以，内心充满沮丧。二是怨天尤人。不愿意或不敢从自身找原因，而是把"后进"的原因归结于客观或是别人。三是破罐破摔。他们由于产生了自卑感，对自己是否能变好产生怀疑，认为一切成功都与自己无缘，便失去了学习的目标和动力，因而性格变得孤僻、胆怯。四是意志消沉。丧失生活的信心，以致放任自己，消极待事，对集体、对他人都很漠然，能躲就躲，能避就避。

其实，一个人最可怕的是自己都看不起自己，自己放弃自己。那么，有了自暴自弃的心理情绪该如何调适呢？关键是要丢弃那些负面的自我评价。现在，请你闭上眼睛，想象面前有一台电视机，请你打开电视，电视正在播放一部电视剧，剧中主人公正处于自暴自弃的状态。这时，你听见剧中主人公正在反复强调着"随他去吧""反正我就这样了""爱咋咋地""都是他们的错"……此时，请感受一下你的情绪状态。好了，现在请你关上电视机，按照刚才剧中情节再重新讲述一下刚才的故事，请你把主人公那些带有自暴自弃的语言换成正向语言，比如"我要做自己情绪的主人""我相信我自己""命运掌握在我自己的手里""我看到了自己的不足"……好了，此刻感受一下你的能量状态。现在，请你将这些话大声地讲出来，并把你自己重新编写的故事写出来。

请记住，这种练习对于消除自暴自弃情绪有意想不到的效果哟！

生活简单或复杂，都出自于人的内心感受。只要我们的心简单，世界就会变得简单。我们要活得快乐，只有及时抛弃那些悲观消极的负面情绪，才能赶走忧伤。如果心中充满快乐，忧伤也就没了立足之地。

ENVISION
10

条条道路通罗马
——考试落榜心态自我调适

　　每年都有许多人参加各类考试，许多朋友把能否被录取看成是人生的转折，甚至把此举当作决定前途命运的"生死关头"。经过考试，被录取了的人享受着金榜题名的喜悦，而对于落榜的朋友来说，则要承受榜上无名的打击。受到这种打击的朋友，面对父母的希望，领导的期盼，以及自己不遗余力的拼搏，会产生无法接受的失落、自卑、内疚、困惑等心理情绪。

　　落榜朋友的心理特征概括起来主要有四个特征：一是失落心理。落榜的人心里充满失落感，无法接受现实，进而产生苦闷、失落和沮丧心理。二是自卑心理。看到别人考上，而自己却名落孙山，自卑心理油然而生。三是内疚心理。总觉得自己辜负了父母的期望，陷入深深自责难以自拔。四是困惑心理。认为前途渺茫，山穷水尽，产生悲观厌世的念头，不知路在何方。

　　那么，下面就为落榜者介绍一种心理自我调适方法。这个方法很简单，叫作"自我提问法"。请找个安静地方，静下心来问自己几个问题。第一个问题：

是人就会有做不到的事情。你同意吗？现在回答我第二个问题：你是什么？人，这是你的回答吧。那继续回答第三个问题：那意味着什么呢？谁都会有做不到的事，你也可以做不到！你绝对认可这句话吧！以后，只要你尽力了仍然没有做到而感到自责时，就请把这句话告诉自己。对自己说：我是人，所以有些事难免做不到！

最后，你还可以问问自己：我可以从这件事中吸取什么教训呢？我能从中得到什么有用的东西呢？你可以做试验，想想你以前没有做到的一些事情，将自己从中吸取的教训全部写下来。有些时候，你只有在失败中总结不足，吸取教训，才能学到一些最宝贵的知识，才能走向成功的目标。

> 生命短暂，不要过于顾忌小事。人生难免会遇到风雨和坎坷，对于生活中的诸多不顺，不要心怀不满、怨气冲天，也不必耿耿于怀、一蹶不振。是福是祸，都得面对；是好是坏，都会过去。

进取人生奏华章

——消沉消极心态自我调适

所谓消沉心态，是指个体因受自身或外在因素影响，而不满意于自身条件或能力，进而造成信心的缺失，在社会生活中逐渐形成的对人、社会、生活产生消极看法的消沉心理状态。消沉是意志的钝化，是情感的冷漠，它不仅容易使人丧失前进的信心，而且容易使人丧失生活的勇气。

消沉者的心绪往往是矛盾的，因而常常处于失衡状态。消沉者的心理有时像一块砖头，麻木不仁；有时又像一包炸药，一触即发。正因如此，不管何种原因引起的消沉，其弊端都是显而易见的。它不仅能够毁掉眼前，而且可能葬送长远；不仅会损害自己，而且可能伤及他人。

事实上，消沉对一切都无济于事。消沉永远是一剂苦药，它只能给人带来坏处，而不会有半点好处。消沉的表现也往往各异。有时以沉默掩饰自己的不快，有时又以喊叫一吐为快；有时不惜丢掉一切，有时又幻想得到一切；有时它是对别人的一种讽刺，有时则是对自我的一种谴责；有时它是对进步的一种反动，有时则是对落后的一种惩罚。

下面，就教大家一个消沉情绪的自我调适方法：找一个舒服的姿势坐着或者躺着，全身放松后，想象自己在一片土地上看到一棵树。也许你看到的不止一棵树，但请你把注意力放在其中的一棵树上，想象这是属于你的一棵树。仔细观察这棵树的品种、树龄、样子、大小以及树皮、树干、叶子，再看看它的生长状况，树干有没有受伤？树枝有没有折断？有没有开花？缺不缺水？然后，你根据这棵树的需要帮助它改善这种状态。比如：树下太干就浇水，如果树上有伤就帮它疗伤，如果有虫子就去除虫子，如果有树洞就填好树洞……直到树在你的照顾下变得根深叶茂、欣欣向荣……现在，感觉一下此刻你的情绪。好了，现在向这棵树告别，慢慢地回到当下。

多练习几次，一定会有收获。

　　风雨之后未必就是绚丽的彩虹。但谁也无法阻挡太阳的升起。以消沉对待失意是一种自欺，以消沉对待挫折是一种糊涂，以消沉度日是对生命的一种浪费。那么，又何妨走进风雨，由它淋湿，也由它晾干。

ENVISION
12

无限风光在险峰
——恐高畏高心态自我调适

　　恐高症又称畏高症。恐高心理更多是来自与生俱来的自我防御机制。假如你站在悬崖边上，你会感到随时都有可能坠落深渊，从而提醒自己停下脚步向后退。这份恐惧是人类得以繁衍生息的重要心理保障。因为，从进化心理学看，只有那些懂得远离悬崖峭壁的人，才能远离危险，怕高基因也就一代代的传承了下来。

　　恐高症是恐惧症之中的单纯恐惧症。如果对你工作和生活的影响不大，也不一定非得调适。如果已经影响到了你的工作和生活，那就需要进行必要的自我调适。这里，给大家介绍几种调适小方法，由于这种方法专业性较强，尽可能在医生的帮助下进行。

　　一是建立恐惧事件层级。要设计恐惧事件层级表，先确定一个最平静的相关情境或事件，将它表示恐惧程度的分值设为0分。再接着确定一个令你最为恐惧担心的情境或事件，设定分值100分。以这两个事件为基准，分别估计你生活中每一事件的恐惧焦虑程度值。最后，把各恐惧事件按主观程度由弱到强进行排列，两个相邻恐惧事件之间的层级差约10分，建立起"恐惧事件层级表"。

二是放松训练。放松训练是系统脱敏法的重点之一。具体做法：找到舒服的姿势，坐着或者躺着，闭上双眼，身体放松，双肩自然下垂。用鼻子呼吸，腹部吸气，缓缓地深深地吸气，吸到小肚子鼓起来时，憋气4秒钟，再把吸进去的气缓缓地呼出，呼气时尽可能排出肺内的气体。把注意力放在你的呼吸上，感觉自己的呼气、吸气，体会"深深地吸进来，慢慢地呼出去"的感觉。如果你遇到恐惧、紧张、担心的场合，或是不知道自己该怎么办、手足无措之时，重复做深呼吸数遍。

三是实施脱敏。也就是先在放松的情况下，在想象中先从最轻的恐惧事件开始，然后由弱到强，逐级进行恐惧情境的尝试，成功后在现实情境中由弱到强去进行。直到最严重一级的恐惧事件脱敏成功。

如果你想成为一个成功的人，那么，请为"最好的自己"加油吧！让积极打败消极，让高尚打败鄙陋，让快乐打败忧郁，让勤奋打败懒惰，让坚强打败脆弱，让伟大打败猥琐……只要你愿意，你完全可以一辈子都做最好的自己。

ENVISION
13

退步思量事事宽
——吹毛求疵心态自我调适

吹毛求疵，从字面上理解是指吹开皮上的毛，寻找里面的毛病，比喻故意挑剔别人的缺点，寻找差错，也指细致到烦琐、斤斤计较的地步。从心理学的角度讲，吹毛求疵是一种破坏行为，它对人际关系、家庭生活、夫妻感情都有极大的危害。

吹毛求疵的人常常喜欢批评和责备别人。吹毛求疵行为本身并不是他们的目的，他们是借助吹毛求疵达到否定别人，这才是真正的目的。心理学家研究发现，吹毛求疵实际上是一种近乎强迫症的心理状态，具有吹毛求疵习惯的人大都有情绪不够稳定、焦虑、拒绝别人、过分追求细节等症状。

吹毛求疵的人总是缺乏耐心，他们将大多数精力都用在关注琐碎、细微不重要的事件上。从动机学的角度分析，吹毛求疵其实是一种"将自己的缺点投射到别人身上看作是别人的缺点"的心理防卫。

在人际活动中，适度地批评一个人反而会帮助一个人成长，如果缺乏善意的批评，人的发展就会变得片面化。但如果事无巨细地乱责备、乱批评人，那么就会伤害别人。

如果发现自己有着过度的吹毛求疵心理状态，就要及时进行自我调适。首先，一定要懂得这样一个基本道理：没有人是完美的，我也是不完美的。我不能要求别人完美，同时我也不能要求自己完美。接下来，教大家一个自我调适小方法。将你身边熟悉的一个人的照片存入电脑，然后运用分屏软件将这个人为两个，左边分出的一个是较小的、较暗色形象，代表你不能接受他的部分；右边的是一个较明亮、高大的形象，代表你能接受他的部分。现在，你缩小推远灰暗部分，放大明亮的部分。此时感觉一下自己的内心情绪，记住那个明亮的形象。反复做几次实验，当下次你再看到这个人时，你的大脑中就会自动出现一个明亮高大的形象。

"水至清则无鱼，人至察则无徒。"水太清，鱼类反而无法生存，人过于看重别人的缺点，就会交不到或者失去朋友。一个人如果太孤芳自赏，就会陷于孤立无援状态。要立身于世，就必须有清浊并容的雅量，能够容纳各种各样的人和事情。

第三章

快乐收获——秋之篇

Autumn
Autumn chapter

水缘渠岸方到海
——叛逆逆反心态自我调适

　　在工作中常常可以见到这种现象：领导越是强调"不准"或"禁止"，有人偏偏要越过警戒线去吃那个"禁果"；领导越是倡导正确的东西，有的朋友越是以一种消极、冷淡、怀疑甚至批判的态度对待。还有极个别的同志对于单位所禁止的，却持积极、热情、肯定乃至推崇的态度；对有一些越不让知道的"内部消息"越想知道等。这种越叫这样却偏要那样的现象，就是人们常说的逆反叛逆心理。

　　逆反心理，是一种态度反应，指个体受到外界物的刺激，在特定条件下，产生与对方主观愿望相反的反应，从而引起的反向心理行为。它是客观事物在人脑中的颠倒反映。逆反会与别人或管理者产生对抗，甚至会造成可怕的后果。但它本身是有意义的，它包含着极有价值的东西。逆反是自我意识成长，寻找自我地位的过程，是心理抗拒下的一种思考的表达，总想表达和别人不一样的想法，引起别人的重视，让别人看到自我存在的价值。

当你总觉得别人不对的时候，就要觉知一下自己目前是否处于逆反情绪中。如果你现在正处在这个情绪当中，就需要自我调适一下了。现在，你对自己的逆反情绪说：亲爱的，我看到你了！你想表达你的想法，是可以的，我也收到了你的表达，你是有价值的！是的，我们都看到了你的价值，因为你是独一无二的！说完这些话，你自己的感受是什么？现在你开始对自己说：我要学会接纳自己的不完美，同时别人怎么看待我不代表那就是我，我相信我会越来越好。我也要学会接纳别人的不完美，不管别人发生什么，我都相信，别人一定有他的正面动机，动机的背后一定是为了爱，别人一定在他有限的能力范围内为自己做了最好的选择。我也是这样！这些话可以反复对自己说，直到自己情绪平复为止。

当我们不认可自己时，我们就开始评判别人；当我们不接纳自己时，我们就开始抗拒别人；当我们内心不丰盈时，我们就开始要求别人。你缺失的，也正是你不能分享给别人的。自我了解、自我负责，这是我们每一个人成长的必经之路。

ENVISION
2

自觉自省方自知
——牢骚埋怨心态自我调适

牢骚心理，就是试图通过言语的议论表达情绪的不满，以求内心平衡的心理过程。牢骚，是对不满情绪的发泄。从情绪活动的角度来分析，它由不愉快的需求引起，并导致新的不愉快，属于一种不良的心理过程。

一个人在不满的时候，偶尔发几句牢骚也属正常，避免长期自我压抑而产生心理问题。牢骚与一个人的思想修养有关。思想稳定、老成持重的人，一般不会为个人的不满发牢骚。有些人则不能理智地控制自己的情绪，一不高兴就挂在脸上，不断地发牢骚。然而靠发牢骚解决不了任何问题，反而会使事情越来越糟。

从社会心理学的角度讲，发牢骚会给个人和事业带来一系列不良后果，有时还会使简单的问题复杂化。比如，朋友之间的误会，通过推心置腹的谈心，比较容易解决，如果怒气冲冲地发一顿牢骚，就可能伤害彼此之间的感情。发牢骚还会加剧不良情绪。因为一旦发起牢骚，就会越发感到不平，使本来不平静的情绪加剧。发牢骚还能使人失去与困难进行斗争的决心和勇气。

那么，对发牢骚这种情绪如何进行自我调适呢？调适这种情绪我们可以采取团体形式进行。现在开始，由你来担任组长，小组以3-7人左右为宜，可在宿舍或操场进行，大家围坐在一起，每个人轮流做自我表露的练习，每人发言时间3分钟。每个人都说这样的话：你们可能还不知道，我曾经做过……（一件别人不知道的，关于自己的特别优秀的一件事）当发言完之后，其他人进行反馈，每个人发言的时间是1分钟。用确信、接受、幸喜、欣赏和祝福的词语赞许他，比如：你优秀的表现，我看见了！你确实是独一无二的！你所做的都是有价值的！你有你的理由，相信你做出的是最好的选择！在这里你是受欢迎的！我喜欢你，因为你就是你……活动结束后，你要总结讲评，并把自己的感受反馈给大家。此时，你感受一下自己情绪的前后变化。

不要总是烦恼生活。与其抱怨，不如努力。所有的失败都是为成功做准备。抱怨和牢骚，只能阻碍成功向自己走来的步伐。放下抱怨，心平气和地接受失败，无疑是智者的姿态。抱怨无法改变现状，拼搏才能带来希望。

人间正道是沧桑

——侥幸投机心态自我调适

　　侥幸投机心理，就是无视事物本身的性质，违背事物发展的本质规律，妄图通过偶然的机缘，去取得成功或者避免灾害。侥幸投机心态，往轻里说，是指不愿意付出艰苦劳动，靠小聪明以取得成功；往重里说，是指用钻空子的办法和狡猾的手段，来获取不正当的利益。

　　侥幸投机说白了就是想不劳而获。工作中的侥幸投机心态表现为：一是凡事走"捷径"，目的是少出力、少干活儿，但是报酬少不得。二是干面子活儿，领导在的时候奋不顾身，一旦没人监督则偷懒耍滑，惜力如金。三是喜欢花拳绣腿，表面功夫。四是技能不牢、不扎实，大多都是"半瓶子醋"。

　　侥幸心理是人们一种自我应对机制和自我保护的本能，比如当人们遇到压力、风险和危机而感到焦虑时，需要一种不确定的乐观情绪来支撑，这种乐观虽然不是基于现实的，但它可以起到暂时稳定人的精神的作用。但是如果过度依赖侥幸心理来安慰自己，就是一种守株待兔心态的自我催眠了，不仅会影响现实问题的正常解决，而且也容易导致心理失衡。

下面，就教大家一个自我调适方法，叫作"冲突融合法"。首先，请想象你正在抱着侥幸心理做一件违反纪律规定的事情，感受一下此时身体的状态及反应。结果被领导发现并受到了严厉的批评，你的感受是怎样的？此时，你把自己内心的懊恼与懊悔说出来。然后，再请你想象，现在你看到你的朋友正在做刚才你做过的事情，感受你此时的情绪。接下来你的任务是说服朋友放弃正在做的事情。这时也许你的朋友会说："没人知道的"，"天知地知你知我知"，"不会想到是我"，"我只做这一次"，"不会那么巧合"……但是，无论如何你必须用自己的真实感受说服你朋友放弃这件事。或许，他根本不听你的话，但不管有多大难度你一定要坚持说服他，直到他愉快地改变做这件事情的态度。现在感受一下你的情绪。以后，如果自己再有侥幸投机心态时，请把你说给战友的那些话在内心说给自己听。

　　　平淡是生活的底蕴和本色，平凡是最真实的人生。现实生活总是始于平淡，终于平淡。只有用心去体味生活的平淡，才能认识生命的本质，看清人性的本来面目，才能品尝出其中所蕴含的悠长的人生况味，从而找到真正的快乐。

克制忍让大修养
——愤怒冲动心态自我调适

有很多朋友都有过这样的感受，当挨了批评、受了委屈、遭受挫折、心情不佳时，不是冷静地从自己身上找原因，总结经验教训，而是冲着周围的人发火、发脾气。人发怒的时候，自身抑制力差，十有八九会激化矛盾，不仅不利于问题的解决，反而越弄越糟，也就是我们常说的"冲动是魔鬼"。

愤怒的背后是过分的自尊自重。愤怒中蕴含的资源是力量，你怎么用这个力量是你的选择。实际上悲剧和灾祸不是因为愤怒而生，而是因为你对愤怒中的能量的偏差使用。有的人用这个力量去生气、去破坏、去攻击，有的人用这个力量去争气、去发展、去保护。

当一个人愤怒的时候，他内心的声音是什么？常常是"这太过分了！""这太不公平了！""这太不应该了！"……然而每个具体的愤怒的人，他们头脑里的观念、标准、界限千差万别。尤其是人在迁怒的时候，我们都在用自己的标准和评判去追求公平和合理，这样的方法只会伤害自己，再伤害别人。

那么，怎样调适愤怒情绪呢？我教给大家一个调节愤怒的方法，也叫"五步法"。第一步，叫停、喊卡。当你愤怒的时候，就像拍摄电影时导演喊"卡"一样，这个时候要唤醒自己一个意识：看到自己生气了。第二步，倒带回放。回到事情那个跟自己有关的那一点上去，找到事情的原发点，先慢下来，看看自己为什么生气？是什么想法和念头让自己生气的？第三步，冷静面对。勇敢去面对事件，用自己内心去感觉、去体验、去感受，你的愤怒情绪是不是你小时候的创伤，如果是，在内心对自己说：我已经长大了，有能力正确处理这件事情。第四步，洞察觉悟。当你感悟到自己愤怒情绪的来源时，你的身体就会放松下来，你的情绪也会趋于平和，你会有"原来是这样，我明白了"的一种豁然开朗的感觉。第五步，重新决定。当你有了"原来是这样"，当你有了那种"豁然开朗"，你会在心中对这件事有一个新的决定。

给予就会被给予，剥夺就会被剥夺，信任就会被信任，怀疑就会被怀疑。生命就像是一种回声，送出什么就收回什么，你播种什么就收获什么；给予什么就得到什么，你怎样对待别人，取决于你怎样看待他们，这是普遍的真理。

ENVISION
5

一生二熟三自如
——害羞怯场心态自我调适

在现实生活中，有的朋友遇到领导或在众人面前发言，就会面红耳赤，结结巴巴，不能很好地表达出自己的意思。这就是典型的害羞怯场心理。

羞怯心理是害羞和胆怯的统称。胆怯是想表现又怕表现的一种心理准备状态，害羞加剧胆怯。羞怯是指一个人与长辈尊者、生人初次见面或在人多的场合发言说话时，因害羞紧张而神态、举止都不自然，表现为脸红、羞涩，手足无措并伴有轻微颤抖，说话结巴，严重者还会出现抓耳挠腮、言不由衷等窘态。

怯场的原因与性格有关，太注重别人对自己的评价，关心自我在别人心目中的"形象"，对美好结果的期待。怯场严重的，是对预期的过度焦虑，活在过去的某一个失败的场景记忆中，不敢相信当下自己的表现。怯场的心理成因及表现方式为：不满意表达——紧张——怕丢人——不自信——过去没表达好的记忆——认定自己说不好——怯场。

下面，我们一起来做几个克服害羞怯场心理情绪的练习：一是鬼脸练习法。找一个安全的地方，对着镜子做各种各样的鬼脸，发出各种各样的声音，身体也可以摇摆晃动，每次至少练习10—15分钟。这种练习方法可以通过面部各种夸张动作放松心情，缓解压力。二是大笑练习法。首先不要去考虑这么做雅不雅，你只要去享受笑的这个过程，你就想着这个世界现在只有你一个人，你只管去笑，躺着、站着或者坐着笑都没有问题，还可以做一些辅助动作。每次至少练习10—15分钟。这种练习方法，可以改善心肺功能，调节人体神经状态。三是点赞练习法。就是每做一件事情，看见自己的优秀之处，真诚、肯定地为自己点赞：我很努力！我对自己很负责任！我在这件事中的表现很棒！我是这个世界上的唯一！

亲爱的朋友，言语交流的重要性显而易见，只要有意识地进行自我调适，就一定能很好地表达自己、绽放自己！

自信是快乐之道。境由心造，更多的时候，我们的不快乐都与内心的羞涩相关。人生本无完美，面对生活，自己是唯一的导演，只有学会自信，才能彻悟人生，拥有积极达观的心境。放弃你的胆怯，也就换了一种活法。

ENVISION
6

心无俗虑精神爽

——多虑多疑心态自我调适

多虑多疑是指神经过敏、疑神疑鬼的消极心态。表现为经常胡思乱想、心神不定、焦虑过度、情绪紧张，总是怀疑别人。多虑多疑是一种极端、消极的心理。

具有多疑心态的人往往带着固有的成见，通过"想象"把生活中发生的无关事件牵扯在一起，或者无中生有地制造出某些事件来证实自己的成见，于是就把别人无意的行为表现，误解为对自己怀有敌意。

多疑多虑会使自己失去做某事的能量、勇气和信心，不敢去承担责任，害怕面对自己不想面对的后果。问题不是出在"多虑"这种思维方式上，而是出在"不够勇敢，内心不够强大，进而丧失了行动的力量"这样的原因上。经常多虑会产生焦虑抑郁的情绪，使不良情绪聚集，导致失眠、悲观、多疑。这些情绪日积月累就会影响你的整个身心健康。

是什么原因导致了一个人多虑多疑心理情绪的产生呢？多疑多虑的人，基本上都具有谨慎胆小、敏感多疑、易受暗示等个性特点。其实都是缺乏安全感的一种表现。世上没有不好的人，只有不被爱的人。

下面，就教大家一个多虑多疑心理状态的调适方法：消除多虑多疑心理状态关键是接纳自我，就是爱自己，就是接受不完美的自己。一旦有了多虑多疑情绪，要学会反观自己、接纳别人。如果感觉有人在议论自己，就对自己说，别人议论我是因为我内在缺乏对自己的信任；如果感觉有人在抱怨自己，就对自己说，别人抱怨我是因为他们期待我能为他们做点什么；如果感觉别人攻击自己，就对自己说，别人攻击我说明我给他们的爱不够；如果感觉别人嘲笑自己，就对自己说，别人的嘲笑是因为他们心目中的我应该更加优秀……要经常对自己说：每个人都不是十全十美的！人人都有自己的优点和不足，我承认自己有不够好的一面，但我是这个世界上唯一的我。我相信我自己！我接纳自己！我爱我自己！

很多时候，我们把自己变成了情绪的奴隶，把原本快乐的心情交给了别人，让别人成了自己情绪的主人。这都是因为我们有欲望，而一旦欲望产生，烦恼也就随之产生了。其实，世界一直很美，生活依旧很好，不要总是庸人自扰。

ENVISION
7

淡虑神怡眠自安
——睡眠困难心态自我调适

人的一生，有三分之一的时间是在睡眠中度过的。睡眠可以消除疲劳，保持旺盛的精力，促进身体健康，消除心理疾病，其道理是显而易见的。近年来有些专家研究认为，睡眠不仅可以让人的身体得到休息，更重要的是对人的精神和情绪进行调整。

睡眠质量不好，已经成为现代人生活的常见病。常常表现为：一是入睡困难。躺上床后翻来覆去，甚至1-2小时还难以入眠。二是睡眠表浅易醒。睡眠质量不高，每夜多次醒来，尔后不易入睡。三是早醒。清晨早早醒来，再入睡困难。

长期以来，很多人认为每天必须睡够八个小时，否则就是睡眠不足。事实并非如此，每个人所需的睡眠时间是不一样的，八小时不是睡眠充足与否的重要标志。过分关注、过分在乎睡眠和过分苛刻地计较睡眠时间是导致失眠的主要原因。

下面，就让我带领大家进行一次意象对话自我练习。请闭上眼睛放松自己，从头到脚都要放松，保持均匀缓慢的呼吸。想象自己来到了一片美丽的大草原。在阳光明媚的天空下，一朵朵白云慢慢飘过，你一边躺在柔软而舒适的草地上，一边享受着美妙而清新的空气。和煦的阳光温暖地洒在你的身上，暖暖的包围着你的全身，你感觉非常温暖非常舒服。远处微风徐徐吹来，传来一阵阵带着青草味的香气，那沁人心脾的芳香，令你感到前所未有的轻松，感到前所未有的舒服……现在的你就躺在这美丽辽阔的大草原，不远的地方有一群绵羊正快乐地吃着草儿，几个放羊的牧童在调皮的嬉戏。不知什么时候，草丛中飞来几只靓丽的蝴蝶，闪动着那色彩斑斓的翅膀。天的那边是红红的太阳正缓缓升起，你感到大自然的一切是那么的和谐、宁静、美好……不知不觉中，你内心感到越来越安详，就像回到母亲的怀抱一样，无忧无虑，自由自在……你的呼吸越来越深沉，身体越来越放松，眼皮越来越沉重……在这美好的感觉中沉沉地睡去……

心静，方能心安。心浮气躁之人，做人缺乏和善，做事缺乏耐心，势必会让人生陷入僵局。克制浮躁，唯有静心。很多时候，我们的追逐，最终让我们丢失了本心，让物质埋葬了梦想，让诱惑左右了方向。

ENVISION
8

修己常存改过心
——网络依赖心态自我调适

网络，给人们带来一种新的生活方式，然而给人以方便、效率、快乐的同时，也给人们的健康，尤其是精神健康带来危害，其中最常见的就是"网络依赖"。

为什么人会有网瘾呢？其原因大致有以下几个方面：一是内心的愿望没有人倾听，有很浓重的孤独感，为了排遣这种孤独和失落的感觉，开始玩网游，从中获得满足感。二是很多人在家长的批评声中长大，为了找寻成就感，他们走入网络的虚拟世界，通过打杀敌人和怪兽，来建立自己的成就感。三是缺乏排解渠道，内心的烦恼忧虑无处诉说，只能通过网络游戏和网上聊天来寻求安慰，久而久之，就成了习惯，也就形成了网瘾。

网络成瘾的特点有两个：一个是，这个网络本身能够带来快乐；另一个是，网络可以缓解压力、焦虑，所以不容易放弃。网络使人兴奋时，大脑会大量分泌一种让人快乐的物质，久而久之形成了一种奖赏系统：你兴奋，就给你快乐做奖赏。但这种让人快乐的物质不能源源不断的分泌。上网时得到的兴奋随着时间会把它消耗掉，所以下网后，就更不容易感到快乐，总是心烦意乱，于是就产生去上网得到快乐的想法和行为。也就是说，正向强化和负向强化是同时存在的，上网"让快乐更快乐、让痛苦更痛苦"。

　　网络成瘾很大程度上需要外界环境帮助解决，但更主要的还是靠自身的意志力。在这里教大家两个小方法：一个是反问反思矫治法。就是每当网瘾犯了，反问一下自己，网络游戏可以让你得到什么？学到什么？多问问自己上网是不是自己的必须？上网让你得到的多还是失去的多？网瘾犯了，每次反问自己这些问题，久而久之，就会有所改变。另一个是提醒矫治法。就是左手腕戴上粗橡皮筋，当有上网念头时立即用右手拉弹橡皮筋，使橡皮筋回弹产生疼痛感，转移并调整上网的念头。拉弹的同时，提醒自己：我是一个自律的人！我是一个有追求的人！

　　　　你知道吗？如果我们不断重复做某件事，从生理学上讲，我们某些神经细胞之间，就会建立起长期且固定的关系。比方说：如果你每天都很生气，感到挫折和焦虑，每天都很悲惨痛苦……那么，这就变成了你的一个情绪模式。

ENVISION
9

淡泊之中识本然

——急功近利心态自我调适

急功近利是指急于求成，贪图眼前的成效和利益。它使人永远沉沦在追逐的痛苦之中，无法享受过程，无法享受成果，恨不得一口吃成个胖子。急功近利实际上是缺乏自我认同的表现。为了摆脱眼前的困境，可以不顾未来的利益；为了求得一时的痛快，以长远的痛苦作为代价。

陷入急功近利状态该怎么办呢？首先你要分清楚，你到底是焦虑，还是急功近利？你要意识到，合理的焦虑并不是坏事。它是我们进步的动力。感受到一定的焦虑，说明你有上进的需求。但是急功近利却是成就事业的绊脚石。急功近利的人必定有追求功名利禄的心，变得目光短浅，经常"一叶障目，不见泰山"，只看到眼前的境况和暂时的贫富盈亏，而不顾将来的利益，为求得一时痛快而用长远的痛苦作为砝码，最终得不偿失。

急功近利的本质是活在未来的期待中，恰恰忘了享受当下。那么，就教大家一个享受当下的方法。拿起一颗干枣放在手掌上。从容地观察它，让你的眼睛探索它的每一个细节，关注突出的特点，比如色泽、凹陷的坑、皱皮和凸起以及其他的特征。把枣拿在手中触摸，感受它的质地。把枣放在鼻子下面闻，在每次吸气的时候吸入它散发出来的芳香，注意在你闻味的时候，嘴巴和胃有没有产生吃的欲望。

现在，慢慢把它放到嘴里面，体会随你每一次咀嚼它所产生的味道变化。当你认为可以吞咽的时候，看看自己能不能在第一时间觉察到吞咽意向。接下来，想象着枣进入你的胃之后的感觉。然后体会一下在完成了这次全神贯注的品尝练习之后，全身有什么感觉？

当我们全神贯注做这个简单练习的时候，究竟发生了什么呢？它只是告诉我们，当你思考过去和将来时，要首先觉察到自己当前正在做的事。就如吃枣一样，如果为了吃而吃，那就是典型的"囫囵吞枣"。只有享受吃的过程，才是真正的享受美味……

　　安静点、用心点，渴求别那么强烈。慢慢地、一段时间过后，水到渠成是件非常自然的事。但你要是特别心急，特别用力，手忙脚乱，最后往往什么都得不到，还搞得一团糟。生活就是这样，特别用力，就特别容易无力。

ENVISION
10

随缘自适烦恼去
——多梦噩梦心态自我调适

梦，是一种正常的生理和有趣的心理现象，是一个人内心活动的一种反应方式，表现了一个人一部分正常的心理活动。每个人在睡眠周期中都会做梦，只是醒来以后有人记得起自己的梦，有人记不起自己做过的梦。每个人每天晚上都会做好几个梦，每个梦持续5—20分钟，算下来这一辈子差不多有6年时间都用来做梦了。

人的睡眠周期包括以下阶段：浅睡眠1期、浅睡眠2期、浅睡眠3期、深睡眠、快速眼动睡眠。经历前三个浅睡眠阶段后，人的心率、血压等各项生理功能指标都会变慢，进入深度休息。在第一周期的深度睡眠之后，我们不会醒来，而是进入快速眼动睡眠阶段。在快速眼动睡眠阶段，睡觉的人眼球会快速上下左右地动，脑电波变得像清醒状态一样，心率和血压也变得不规则，呼吸也变得急促。如果这个时候把人叫醒，他会说他正在做梦。

人为什么会做梦？科学研究得出：一是外界刺激可以致梦。二是日有所思，夜有所梦。许多梦里往往重复过去和白天的经历。人们做梦往往和自己内心的成长、愿望、想象、思念、担心等心理活动有关。而有些人常常做噩梦，如梦见喉咙被人卡住、有人追赶、极度惊恐、喊不出、动不得，致使有些人一整天心情抑郁，疑神疑鬼，胡思乱想，忧心忡忡。

如何才能摆脱多梦噩梦的纠缠呢？首先，不可胡思乱想。睡眠是人脑最好的休息方式之一，睡眠时做梦也不一定会影响大脑休息，是正常的生理现象。不怕多梦，就怕失眠。其次，要及时消除生活中的压力和矛盾。俗话讲，白天不疯狂，梦里就会疯狂。三是改变应对策略。对于在梦里出现的恐惧，不要逃避，慢慢地看清楚。四是记录梦。做梦后刚刚醒来的第一时间把梦境记录下来，然后再进入梦境的意象里去感受，和梦境里的人或动物去对话，再和现实去对照反观。这时你会发现，梦是对现实的一种表达、一种补偿、一种启示、一种释放。可怕的并不是梦境的场景，而是对做梦这种正常现象的担忧和误解……

珍惜把握人生的每一个今天，诚恳善待生命中相逢相遇的每一个人，以积极地经营去体味快意人生。只要恬淡坚强、豁达超然、万事随缘，无论坎坷畅达、失败成功，都能让你的人生拥有真正的尊严与快乐。

ENVISION
11

原来退步是向前
——打击报复心态自我调适

报复心理是人受到较为强烈的刺激后所产生的一种情绪反应，往往在人遭受打击后所受刺激或伤害过强，超过了个人心理承受能力，使主体的情感与理智失去平稳而企图激烈攻击对方的心理活动。

报复心理的实质是动机受挫，导致需求得不到满足，个体心理失衡，从而产生愤怒情绪，并将这种情绪迁怒于人。通常情况下，人常常在追求个人名利未果、个人婚恋遭受挫折、受罚内心不服、家庭遭到不法侵害、人际关系紧张等时刻产生报复心理。

一个人遭受挫折时产生的反应取决于自己的早年生活经历、经验、认知、信念、价值观，等等。打击报复心理是一种非常可怕的、极不健康的病态心理。报复心理被心理学专家称为"人生的黑洞"。

报复心理强者，往往具有以下显著特征：一是自尊心太强，过分看重面子。二是情感脆弱，易冲动、挫折容忍力差。三是性格孤僻、考虑问题幼稚简单。四是自制力差、缺乏理智。五是标准不清，是非不明。六是易意气用事，心中满是怨怒，一旦急火攻心，常常只顾着发泄情绪而不听劝阻，无法泰然面对挫折，结果失去人缘，陷入麻烦中。

自我调适：放松身体后，把注意力集中到眉心中间，开始进入想象……想象一件最近令你很气愤的事情或一个惹你生气的人，你想去报复他。此时，你把自己身体想象成一间房子，感受一下这间房子的形状及大小。你发现在这间房子的某个部位有一团火在燃烧，看看火焰的大小，分析一下是什么原因引起的。这时你听到门口有几个人正在议论起火的原因，你仔细听听他们在说什么……此时感受一下内心的情绪感受。这时，火焰越燃越大，你感到炙烤和烟呛，呼吸困难。现在，你决定要把这团火焰熄灭。你发现门外有一桶水，你拎起水桶从火头上倒了下去，火焰立即熄灭了，房间慢慢变得清亮起来……此刻，你的内心有什么样的感受？

年轻气盛的时候如果被人欺负了，总会恨恨地想以后一定要混出个名堂来，好让人刮目相看。可当真有这么一天的时候，却又想不起去恨了。原来真正的强大是宽容，不是原谅了别人，而是放过了自己。

ENVISION
12

努力请从今日始
——拖沓拖拉心态自我调适

拖沓拖拉，是指在自我能够预料不良后果的情况下，仍然把计划要做的事情往后推迟的一种行为。生活中经常有这样的人：当天该做的事情总要拖到明天、后天甚至下个星期。虽然心里着急，可行为上却总是拖拖拉拉的，直到实在拖不下去了才临时抱佛脚。

拖拉是一个人办事缓慢、不痛快、时间观念差、经常拖后期限的现象。不可否认，谁都有拖拉的情况。这种毛病远比人们想象的复杂和普遍，而且克服起来难度很大。做事拖沓拖拉其实是一种"心"病，或者说是心理不健康的表现。

拖沓拖拉背后的本质是回避面对痛苦的感觉。逃避痛苦会使人产生那种短暂的放松的快乐感觉，让我们产生问题已经消失的幻觉。但是这种解决问题的方式并不能真正从根本上使痛苦消失。恰恰相反，它们像鸦片、吗啡一样让我们上瘾，让我们对它产生依赖，不但旧的问题没有解决，又产生了新的问题，因此逃避痛苦是拖沓拖拉的根源。

解决拖沓拖拉的最好办法是敢于面对。面对，是人生一项很重要的功课。下面，就教大家一个调适方法：首先请放松自己，想象自己处在一个拖延的情境中，感受一下此刻你被阻碍或被什么拖住的情绪感受。然后，想象你此刻你正走在一条路上，要去一个美丽的地方实现你的梦想。这时，路上忽然出现一个戴面具的人，拦住了你的去路。此时感受一下你的感受。接下来，请你仔细观察这个面具人的年龄、身高、服饰、动作等。好了，现在你去问问他：为什么要阻拦你？为什么要戴上面具？过去发生了什么？他可能会拒绝回答，不管怎样你都要想尽办法和他沟通，找到答案，并摘掉他的面具，记住他的形象。请注意，一定要记住他阻拦你前进的真正理由！这一点至为关键。好了，现在你可以继续朝着你预定目标前进了！如果在你以后人生的道路上这个面具人再出现时，我想你已经找到了面对和逾越的办法了！

每早醒来有两个选择：继续做梦或起身追逐梦想。不要把事情看得太重，人生的天空中，这些只不过是点点星光。命运不是机遇，而是你自己的选择。命运不靠等待，而凭争取。

勇于面对敢挑战
——回避逃避心态自我调适

逃避心理其实就是我们常说的回避心理，是指当自己与社会及他人发生矛盾和冲突时，往往不能自觉地、积极地解决所发生的冲突和矛盾，反而是躲避矛盾和冲突的心理现象。这样的心理会让人产生一时的轻松，但是却无法从根本上解决问题。

逃避心理其实是一种心理防御机制在发生作用，属于消极式的防卫。用逃避和消极的方法去降低受到挫折时的痛苦感。"逃"含有远离的意思，"避"是躲藏、逃避，是不愿承担事情责任、后果、结局，心理上承受不起现实的打击、痛苦、伤害；心智上没有勇气面对不幸、悲哀、沦陷。核心也是对自己的负面评价，害怕被拒绝、害怕被不喜欢等。本质是对自己的不接纳。

一个人，总有不愿意面对的事情、不愿意面对的人。对于回避逃避者来说，他们惯用的做法有逃避事故现场、逃避相亲聚会、逃避责任承担、逃避领导的安排、逃避至亲的劝说开解……

为什么不愿意面对呢？是因为自己面对这个人和事的时候，内心有忐忑、有委屈、有恐惧。那么，有了回避逃避心理状态怎么办呢？想象此刻你正处在逃避一件事情中，仔细感受这件事情带给你的情绪感受。此刻你非常想要逃离，甚至你已经在逃离的路上了，你感觉身后有一只动物在追你。现在你回头看看是什么动物在追你？你试着停下来，尽管很恐惧，但请你一定要坚持面对。你可以问问这只动物：为什么要追你？可能它会伤害你，但请你一定不要害怕，因为这是在想象。不管发生什么，你一定不要去伤害它，你要想办法去沟通，直到它回答你为止。当你知道了它的真实动机之后，你现在可能觉得它并没有你想象中的那么可怕，那么请在内心接纳它，试着抱抱它，并和它成为好朋友。好啦，现在向它告别，告诉它你会常来看看它、照顾它……慢慢回到当下。感觉一下你的感受。以后再产生回避逃避心态时，请唤出你内心的"动物朋友"，让它陪伴你一起去面对应该面对的一切！

每次决定放弃前再努力一下，往往是惊喜出现的时候。回忆若能下酒，往事便可作一场宿醉。然而醒来时，光阴两岸，终究无法以一苇渡航。只有敢于面对，才能战胜懦弱；只有直面困苦，才能度过人生路上的坎坷与险滩。

ENVISION

14

当机立断意志坚
——优柔寡断心态自我调适

优柔寡断是指做事犹豫，缺乏决断。优柔寡断者的第一种表现是，在重大的变故和灾难面前，因为畏首畏尾，犹疑不决而酿成悲剧。第二种表现是，在机遇面前犹豫彷徨，丧失机会，造成终身悔恨。优柔寡断是很多人都有的致命弱点，做什么事情都犹犹豫豫、畏畏缩缩、思前想后，最终因为怀疑自己的能力而陷入自卑的漩涡。

处事优柔寡断是人的性格和思维判断不确定造成的。在处事时所做的考虑要周全，但不是琐碎而瞻前顾后、畏首畏尾。不要有太多顾虑，即使错了，也是对你的一次帮助，怕什么？没有失败，哪来成功！

心理学家认为，人在处理问题时所表现的这种拿不定主意、优柔寡断的心理现象是意志薄弱的表现。其主要原因有：一是认识障碍。心理学认为，对问题的本质缺乏清晰的认识是使人遇事拿不定主意并产生心理冲突的重要原因。二是情绪刺激。俗话说："一朝被蛇咬，十年怕井绳。"一旦遇到类似的情境，便产生消极的条件反射，踟蹰不已。三是性格所致。一般说来，优柔寡断者大都缺乏自信、感情脆弱、易受暗示，在集体中随大流、过分小心谨慎等。

下面，介绍给大家一个优柔寡断心态自我调适小方法。找个安静的地方，先静下心来。想象现在处在优柔寡断的事件中，感受一下你焦灼的情绪状态。回忆起一位擅长梳理和解决困难的人，这个人可以是现实生活中的人物，也可以是虚拟人物。想象一下这个人有着怎样的性格品质？把他在你的脑海中栩栩如生地呈现出来。现在，请你注意观察他用什么样的视角和方法来观察与处理问题。也许，你会看到和你不一样的处理问题的方式。请你仔细体会觉察他是怎样处理的？采取了哪些行动？收到了怎样效果？好了，现在请你把他处理问题的每个细节记录下，并在现实中尝试用这些方法解决好你优柔寡断状态下面临的每个问题。

立即行动是所有成功人士共同的特质。感恩已有、拥抱自己、梦想当真、立即行动、成功无限。认准了的事情，不要优柔寡断。选准了一个方向，就只管上路，不要回头。如果你有什么好的想法，那就立即行动吧！

第四章

孕育希望——冬之篇

Winter

Winter chapter

智人除心不除境
——敏感猜疑心态自我调适

　　所谓猜疑心理，是指凭借自己的主观臆断看待现实中的人和事，是毫无根据的不信任。猜测、怀疑别人对自己有不利影响，无中生有，是对人对事不放心的一种心态，是一种消极的自我暗示。

　　俗话说："疑心生暗鬼。"猜疑使人产生错觉，对客观事物失去正确的认识。猜疑具有主观性、片面性、盲目性等特点。认为事事不可信，人人不可交，不愿与人交流，把自己封闭起来，胡思乱想，自己折磨自己。当个人发展进步愿望不能实现时，便疑心有人跟自己过不去，疑心与自己竞争的人使绊子，疑心与自己有过节的人伺机报复。看别人一举一动都像是在议论自己、诋毁自己、算计自己。

　　那么，无端猜疑的心理成因是什么呢？其实，无端猜疑的背后心理需求是希望被认可、被肯定，认为自己是有价值的。疑心重的人往往与自己童年时期常常受到训斥或亲人的冷落有关，儿童时期使其产生了情感上的隔离与冷漠，成年后会把自己封闭在狭小的圈子里，不愿与人交流。由于缺少有效的人际交往，导致性格内向，久而久之发展为对他人的不信任，一旦与外界打交道，难免比常人有更多的怀疑、戒备和防备。

猜疑是对自己的不接纳，猜疑包含着自我探索。调适无端猜疑心理情绪其实也是一个和自己联结的机会，从看清猜疑本质中探索自己内心的真正需求。下面，就让我们一起来解开无端猜疑这个冲突。现在，假设你是一名心理医生，有一个正在被猜疑折磨的人来找你求助。好了，你现在就开始为她疏导。首先，你要问她的问题是：你猜疑的背后不愿看到的结果是什么？这时她会给你讲她所担心的结果。你只需认真聆听。接下来，你再问她第二个问题：对于这件情，你内心真正想要的结果是怎样的？这时她会告诉你她猜疑背后的真正原因。然后，你再问她，要实现你想要的结果，你有什么样的方法？倾听了她的解决方案后，此时，你体会一下自己内心的情绪。

心存疑虑，做事难成。用人不疑，疑人不用。不要以自己的怀疑去猜疑他人，否则只会影响彼此间的情谊。学会信任，生命会变得更加富有弹性和张力。选择信任，心灵会更加清明透亮。慧眼明察，你会收获更多的人生风景。

ENVISION
2

我是清风自飞扬
——盲目攀比心态自我调适

有的人看朋友出入高档场所、穿名牌、坐名车，相比之下自己挣钱不多，工作条件又艰苦，纪律约束又多，便产生了己不如人的感觉；有的人与朋友盲目攀比，在工作分工、进步幅度、生活条件等方面出现了差异，也会引起心理失衡，从而产生羡慕嫉妒恨的情绪。

所谓攀比心理，通俗地说，就是不同的人、不同的单位和地区之间，在各自主观设定的一条均等线上，自发地从各个方面作比较而产生的差别感。为什么会有盲目攀比心理呢？因为攀比本身就具有明显的趋高性，只比得到多少、不比贡献大小，只比舒适安逸、不比艰苦奋斗。往往是按照自己设定的可比性去比较，很少全面考虑自己的实际情况，结果越比越觉得"吃亏"，越"不如人"，就会产生一种失落失衡的心理情绪。

调适盲目攀比心理状态，首先要清楚一个道理。那就是一个人的内心状态，可以从说话中侦知。如果改变说话的方式，就可以改变内心的状态。很多人内心的困境，其实是本人的一些错误信念导致的。可是，实际生活中很多朋友并不清楚这个道理。好，现在我们就运用"语言摆脱困境法"自我调适盲目攀比心理。每天早晨醒来，第一件事先对自己说：我现在拥有最好的一切，我爱自己！我每天都会负责任的照顾好自己！每天中午休息时对自己说：我越来越欣赏我自己，因为我是一个独特的人！我对自己的现状很满意！每天晚上休息前对自己说：我的每一天都充满快乐，我感谢自己！我已经做到了最好的自己！

每天运用这些语言的时候，可以对着镜子或者自己的照片大声讲出来，也可以默默在心中对自己说或者写到本子上。坚持经常这样，你就会逐渐改变思考方式和语言模式，构建自己的积极心态和平和心境。你会慢慢发现，其实你才是那个最好的自己！

> 有时候我们低头，是为了看准自己走的路。很多人认为，自己已经过得很好，不愿意去尝试新鲜的事物。很多东西都放不下，拉不下这个脸，最终死在面子上。盲目攀比，只能越比越失落。只要是拥有的，都是最好的。

ENVISION
3

眸里芬芳蝴蝶来
——狭隘嫉妒心态自我调适

何谓嫉妒心理？嫉妒心理是指一个人对在某些方面比自己强的人怀有的一种莫名其妙的不满或不服情绪，甚至引发强烈的对立、抵触、怨恨和不道德的攻击行为，是一种以自我为中心的心理感受。简而言之，嫉妒是指在意识到自己对某种利益的占有或占有意识受到现实的或潜在的威胁时产生的一种情绪体验，也就是人们常说的"红眼病"。嫉妒是一种很折磨人的情绪，像火一样暗暗地燃烧，煎熬着一个人的心。

产生嫉妒的一个重要原因是自己的需要得不到满足。嫉妒和竞争紧密联系在一起，如果你克制自己的嫉妒，就意味着你在克制自己的竞争力。嫉妒告诉你自己想要的是什么以及有多么想要。嫉妒最显著的三个特点：恨人强、难容人和幸灾乐祸。英国哲学家培根说过："在人类的一切情感中，嫉妒是危害最强烈、最持久的一种。"

如果有了嫉妒心理，倘若你有能力去处理或者有机会找到人帮你处理，你的人生会因此开阔和自由许多。下面我们一起来学习嫉妒心理的自我调适方法。找一个安静的空间，准备两把椅子，对着摆放好。请你坐到其中一把椅子上，想象对面空椅子上坐着的就是你嫉妒的对象。现在你可以畅所欲言地讲出你对他的嫉妒的情绪，也可以默默在心里讲，也可以大声讲出来，甚至可以哭骂……直到你发泄完心中所有情绪为止。好了，现在请你坐到对面那个椅子上，想象刚才坐的那把椅子上坐着的是"你的嫉妒"，现在请你对"你的嫉妒"说：谢谢你，我亲爱的嫉妒，我看见你想要带给我的正面动机是努力完善自己，传递了我还有很多不足的"信号"，为此我谢谢你，谢谢你为我所做的！曾经我是那么的抗拒你，但现在我允许你的存在，谢谢你！我爱你！现在请你把你的情绪收回去，我会用我的方式爱自己、接纳自己、肯定自己。因为，我是独一无二的自己。

心宽，天地就宽。宽容是一种美德。宽容别人，其实也是给自己的心灵让路。赠人玫瑰，温馨了别人，也快乐了自己。只有在宽容的世界里，生命才能奏出和谐的生命乐曲！见贤思齐，才能激励自己迎头赶上！

ENVISION
4

低头便见水中天
——自负清高心态自我调适

在我们身边，有些朋友自以为有点小才华，或自恃家境优越，或有一定学历和成绩，于是就自命不凡、高人一等、沾沾自喜，他们都有一个共同的心理特征，那就是自负清高。

自负清高的人都认为自己非常了不起，别人都不行，总认为自己比别人强很多，同时又具有明显的嫉妒心。自负清高的本质是盲目自大，过高地估计个人的能力，失去自知之明。具有自负清高心理的人具有如下明显的特征：一是恃长自傲。他们以自己的长处为资本，总是认为老子天下第一，说话办事盛气凌人。二是待人轻慢。不懂得礼貌和谦虚，不懂得尊重人理解人，总喜欢摆架子。三是缺乏自知之明。他们不仅自高自大，而且还有自我夸张、自我感觉良好的倾向。四是比较自负。难以听进不同意见，唯我独尊，刚愎自用。自负清高心理的形成原因主要是：不能全面地认识自己、评价自己，虚荣心强、注重面子，比较脆弱敏感，其实都是内在自我价值匮乏的表现。

下面，我们就做一个自负清高心理情绪的自我调适：找一个安静的空间，放两张椅子，自己坐下，另一张放在对面你感到舒服的位置上。请闭上眼睛，想象有一个盛气凌人、态度傲慢、爱慕虚荣、注重面子、自负清高的人坐在你对面的椅子上。看看他的年龄、长相、穿着、表情，你试着问问他的名字，做什么职业？现在，你试着请教他几个问题，看着他用傲慢的表情和语调或回答或拒绝你，此时你要专注他的表情、语气以及动作，并感受自己此刻的情绪。现在，你告诉对方你对他的感受，跟他讲：亲爱的，你在某些方面确实很优秀，我看到了你的优秀和价值。但是你的说话态度让我很难受，不管怎样我都接受你，我想和你成为真正的好朋友，互相帮助、互相支持，你可以接受我吗？然后，留心听/看/感受一遍对方所做的回应。直到对方放下架子与你平和沟通，并坦诚接纳你为止。

> 低调为福，是用让步或舍弃得到补盈的方法。低调是做人的一种境界，低调是处事的一种睿智。保持低调谦虚，是一种以个人能力为基础的自信。低调的人，不但赢得好人缘，还得道多助，为自己构筑了和谐的人际关系。

平心应事无自争
——任性赌气心态自我调适

赌气，是指人的某种欲望未能实现而产生的消极心态，以及付出的行动。它的主要特征表现为人碰到不愉快的事或者挫折失败后，出现的焦虑、烦躁、急躁等情绪，伴之以恼火、逞强以及对抗、报复等心理情绪。

如果说生气是用别人的错误惩罚自己，而赌气是想用自己的错误惩罚别人，而结果往往是对方并不在意。那么，如何调适自己这种任性赌气的心理情绪呢？还是先为大家介绍一个心理方法：当自己有了一种自己不喜欢的习惯时，要学会与这种不良习惯进行对话，便可调整心理状态，将消极的心理能量转化为积极的心理能量，从而达到身心健康发展的目的。

下面，我们就来调适任性赌气不良心理情绪。请从头到脚全身放松。想象你现在正在因为一件事而赌气，忽然发现对面站着一只怪兽。好，不要害怕，仔细观察它的形象特点。现在你去问它："你为什么变成这个样子？"这时怪兽会告诉你："我就是任性赌气时的你。"此时，感受一下自己的情绪。也许你会感到不可思议和不敢相信，甚至感到讨厌。但是，不要回避。继续和它对话，拥抱它并对它说："我看到你情绪的表达，也看到你内心的渴望。我知道你是来提醒我的，谢谢你！我不会再用这种形象展现自己，我要爱自己！我不会再用这种方式去解决问题，我要做情绪的主人！"这时你忽然发现，这只怪兽变成了一位慈眉善目的智者。此时感受一下自己的情绪……你会发现，任性赌气其实是你自己折磨自己所导致的，是你自己在与自己较劲的过程中呈现了一只怪兽的形象。

赌气这种心理看似无足轻重，关注的人也不多，其实并不是件小事。赌气表面上看似是感受到了冤屈，不被尊重或被不公平的对待了，其实是自己没有一个比较智慧灵活的应对解决方法，任性的坚持自我，是一种幼稚的行为。任性赌气对别人没有任何影响，却给自己带来严重的伤害，而且还容易伤身伤神误事……

花时间去讨厌自己讨厌的人，你就少了时间去爱自己喜欢的人。花时间去计较让你不愉快的事情，你就少了时间去体验让你舒畅的事情。恨、烦、焦虑、难过，都是自己想法带来的。时间是你的，所以节约自己的时间，比一切都重要。

ENVISION
6

有度方为大丈夫
——哥们义气心态自我调适

哥们义气是一种狭隘的小团体意识。只要我们是朋友，或者你是我朋友的朋友，就有求必应，不分青红皂白，不计一切后果，为了一个小圈子的利益，为了某个人的利益，有时甚至为了一件微不足道的小事，就大动干戈，互不相让，结果既害别人，又害自己。

以哥们义气为交友之道是盲目的、糊涂的。哥们义气只管交情不管别的，良莠不分、善恶不辨，有交情就是朋友，不管对方品质怎样、道德如何，只要对方对自己好，能"有福同享、有难同当"，就和对方称兄道弟，甘愿为对方"两肋插刀"，在所不惜。

哥们义气不是友谊，而是一种使人丧失理智的冲动，是一种基于无知和盲从、情感无基础的冲动。哥们义气与友谊是有根本区别的。友谊是人与人之间的一种真挚的情感，是一种高尚的情操，使你赢得朋友，获得帮助。友谊是讲原则的，是建立在维护集体利益基础之上的。建立真正的友谊必须以分清正确与错误、正义与邪恶为前提，当朋友做出违反道德和法律的行为时，要及时指出，并为其提供正确的建议。

从历史角度看，历史上对于讲义气、杀富济贫等英雄行为，也给予了赞扬。那么，朋友之间要不要讲点义气呢？要！能不能讲哥们义气呢？不能！有了严重的哥们义气心态如何调节呢？下面，我们就一起来调适哥们义气的不良心理情绪。现在，想象你是一名法律知识宣讲员，安排你围绕"如何破除哥们义气"讲授一堂普法课。你需要讲清楚三个问题：一是所谓哥们义气得到的朋友是不是真正朋友？二是为了哥们义气违法违纪到底值不值？三是有了哥们义气是不是就能得到你真正想要的价值？为了上好这堂课，你需要认真思考，翻阅大量资料，也可以搞一些思想调查，听听周围朋友怎样说。好了，只要你做到了这些，相信你一定阐释和解决好这个问题，以后你就是这方面的专家了！

　　　　友谊，是人生最好的礼物。当你迷茫的时候，朋友会送你一片宁静的天空。真挚的友谊，即便是夜幕低落，也会让你感受到一双温暖的眼睛。生活有了挫折，你的朋友会轻轻对你说：走吧，你看，槐花正香，月色正明。

ENVISION
7

心之若素香满怀

——爱慕虚荣心态自我调适

　　小郭，本是地地道道农家子弟，到大学后，冒充自己是高干子弟，称自己"什么事情都能办"。父亲千里迢迢来到学校探望他，他硬说父亲是邻居。对于小郭这个人我们姑且不从道德上对他加以评判，从心理上分析他的所作所为，这是典型的虚荣心理在作怪。

　　虚荣，《辞海》里解释为："表面的荣耀；虚假的荣名。"心理学认为，虚荣心理是一个人倾慕一种虚假的荣誉感，是自尊心的过分表现，是为了取得荣誉和大家的普遍关注而表现出来的一种不正常的社会情感。虚荣心是一种常见的心态，在我们每个人身上或多或少的存在着，与自尊心有密切的联系。自尊心人人都有，当自尊心受到损害或威胁，或被强调到不适当的位置时，就可能产生虚荣心。

　　虚荣心的表现是华而不实，心浮气躁。为了夸大自己的实际能力，往往采取不正当手段。如物质生活上讲排场，为了显示自己的阔绰而"打肿脸充胖子"。有的人总想把自己的家庭出身和自我理想化，喜欢在朋友面前谈论有名气的亲戚和朋友。这样做虽然能使虚荣心得到一时满足，但毕竟不能解决根本问题，而且还会增加心理负担。

虚荣心强的人都爱表演、好炫耀、遮丑掩过。那么，我们就从这一心理特征入手来解决问题。现在请放松自己，想象你来到了一个"人生剧场"，剧场正在演出话剧《一个虚荣者的人生》。好，现在请你坐下来，静心去欣赏这部作品并感受自己内在情绪。这个作品中的主角，因为爱慕虚荣导致事业受挫、家庭不和、众叛亲离，最后落得个孤家寡人的悲惨结局。现在，演出结束了，请你上台分享你的观后感受。要谈自己真实的感受喔！好了，现在请你担当导演，按照你自己的想法和认识去重新编排这部剧。之后，请你再回到观众席，作为一名普通观众静心欣赏这部作品。看完之后，仔细品味一下你在观看这两部作品时前后的情绪有何变化……

光鲜艳丽，只是世间的一种色调，难免变幻。平和淡泊，却是生命的真切感觉，永不褪色。把握自己，善待他人，我们的精神就会充实，心胸就会博大。山泉潺潺，浅澈自赏，人生自然风光无限。

思己无知则长知
—— 自以为是心态自我调试

自以为是就是自己认为自己很好，总以为自己是对的。认为自己的观点和做法都正确，不接受他人意见。自以为是不是个性张扬，而是一种盲目的自负与清高，是一种夜郎自大式的任性与傲慢，是为人处世之大忌。

自以为是的人，总认为别人都是错的，自己都是对的；别人都很差劲，自己很优秀；别人都很笨，就自己聪明；别人都很邪气，就自己充满正气；别人是臭皮匠，就自己是诸葛亮；别人说的都是歪理，自己说的都是真理……

自以为是几乎存在于每个人的人格特质中，只是强弱程度不同而已。自以为是是事业成功的拦路虎。过分自信其实就是自卑。自以为是既容易得罪别人，也容易伤害自己。它直接影响人与人之间的和谐交流，很容易使个体孤立于群体之外，受到他人的排斥和冷落。

一个人认清自己很难，一旦认清了自己，成功也就近在咫尺。下面，就教大家一个自我调适小方法：请放松自己。想象自己在找一个朋友，你并不清楚他居住的具体位置。现在你来到了一个小区，左边是一栋豪华别墅，右边是一栋普通民宅。你首先来到了豪华别墅里寻找，当你进入豪华别墅里时发现，这里的人都很傲慢和清高，对你爱理不理，你和他们打招呼时他们对你不屑一顾，都一副趾高气扬的样子。此时感受一下你的情绪。现在，你离开豪华别墅，来到普通民居里继续寻找。进来之后你发现，这里的环境脏乱差，你向他们打听朋友的消息，他们根本听不懂你在说什么，你也听不懂他们在说什么。此时，感受一下你的情绪。好了，你离开普通民宅来到院子里。正在你不知所措时，你忽然发现两栋房子的中间位置有一个小花园。你向花园走去，发现你的朋友正坐在一棵大树下悠闲地喝茶纳凉。好了，你现在把刚才你在豪华别墅和普通民宅里的经历说给你的朋友听，这时你的朋友会告诉你他在小花园里的真实原因……好了，请你记住他说的每一句话！然后回到当下。

　　我们渴望的美好风景，其实就掩映在我们的身边，就隐藏在看似平淡简朴的生活之中！世间最珍贵的不是憧憬和期许，而是当下拥有的一切。为了那美好的梦想，让我们用最脆弱的记忆和最坚硬的时间，一路追随。

ENVISION
9

原谅时光记住爱

—— 失恋苦闷心态自我调适

　　失恋，顾名思义，就是失去恋人或恋情。这通常发生在那些曾经获得过某种程度、某种性质的"爱"，并为此做出过真心承诺或有较大的物质和精神投入的男女。他们在意想不到的情况下突然或不情愿地与恋人分手，从而体验到一种内心的失落感、伤心感，甚至痛不欲生之感。

　　一旦陷入了苦闷失恋心态，首先要从认知上重塑，防止偏差认知固着在心中。失恋时容易产生的偏差认知有五个。一是爱是危险的，我还是少爱为好。正确的认知是：如果我更懂得爱，危险就会减少。二是男人或女人没一个好东西。正确的认知是：我遇见了一个不懂我的人，我以后会遇到更懂我的人。三是我不够好，所以被抛弃。正确的认知是：也许他（她）需要的人和我不是同一个类型，也许他（她）发现不了我的长处，也许他（她）看出我好因此而感到自卑……他（她）离开我不能证明我不够好。四是我不会再遇上这么好的人了。正确的认知是：天下之大，出色的人比比皆是。五是真爱一生只有一次，我不可能再去爱别人。正确的认知是：许多人之所以没有第二次爱，是因为他（她）们一直没有走出第一次爱的阴影。

那么，在自我认知重塑的基础上，如何进行自我调适呢？请闭上眼睛，全身放松。想象已分手的对方就站在你的眼前。现在，你看看对方的面部表情是怎样的？感受一下自己的情绪。然后，跟对方说：我们曾经有一段时间在一起，现在已经结束了。在那段时间里，你给予我很多，帮助我成长，我很感谢你！对我有用的东西，我把它们放在了我的心里，我也因此把你放在了我的心里！对我没有用的东西，我把它交还给你，我能为你做的也全做了！现在，我把你完全释放回到你的人生，我也完全地回到自己的人生！我祝福你，希望你也祝福我！此时，看看对方的表情，听听对方有什么话对你说。然后你向对方告别，转身慢慢离开……

> 爱的真谛，就是让你所爱的人做他（她）自己，而不是让他（她）成为你理想的人。否则，你就失去了真爱，因为你只爱你自己。爱情是心与心的碰撞，是心灵的感动，需要灵犀相通的默契。爱情如果失去了宽容和谅解，就会变得索然寡味。

ENVISION
10

缘聚缘散缘如水
—— 单恋暗恋心态自我调适

　　大多数人随着生理的成熟，与异性交往、接近的欲望会越来越强烈，每一位春潮激荡的青年，无不凭借着理想的神笔，在心中描绘未来伴侣的倩影，试图为自己寻求一个"理想的恋人"，这是人的本能冲动。但是现实生活中，由于种种原因，往往有"剃头挑子一头热"的现象，也就是我们常说的单恋、暗恋或是单相思。

　　所谓的单相思，主要表现为对某一特定对象一厢情愿的爱恋。往往是男女青年一方对另一方的单方面倾慕与喜欢。有的一方有意，而另一方根本就不知道。单相思的人，对所恋对象非常关注，总是揣测对方心理，反复品评对方的言谈举止，时而自卑沮丧，时而信心百倍，备受感情折磨。

　　单相思在现实生活中大量存在，大多数人都有过或浅或深的单相思体验，尤其是在青年初恋时期。单恋暗恋的具体表现为：因对方的容貌、才华、能力、品德和举止具有强烈的吸引力，而默默喜欢对方，而对方没有相同的感受。因为幻想不等于事实，一旦发现对方无此意，灼热的激情受到对方的冷遇，一时会感到无所适从，往往从精神上蒙受失望、怨恨、自卑等失恋的痛苦。

单相思是一种不可能得到回报的情感体验。患有单相思的人往往脱离现实生活，沉湎于自我幻想或想象的虚幻情境中难以自拔。对于这种"剪不断、理还乱"的单相思，教大家一个自我调适的方法：首先，请先放松自己。想象在你眼前出现了一条路。看一看这条路是什么样子的？左右两边有什么样的风景？现在你正走在这条路上，路的尽头是一个花园，花园里有很多鲜花，但你只对其中的一朵花很有感觉。你的视野像镜头一样慢慢拉近，眼里只看见这朵花。仔细看一看是什么样的花？什么颜色？有多少花瓣？然后，想象有一只昆虫飞向这朵花。此时，感受一下昆虫对花的态度是怎样的？花对昆虫的态度又是怎样的？如果花拒绝了昆虫或者昆虫拒绝了花，此时，感受一下你内心的感受……

有错过，才会有新的遇见。缘分，就是不早不晚，恰恰刚好。有些爱，在不经意间刻骨；有些人，在不经意时相遇。当一个人的时候，别想两个人的事，把回忆丢在一旁。当一个人的时候，享受一个人的浪漫，释放自己爱自己的情感。

ENVISION
11

心中有爱爱相随

——社交恐惧心态自我调适

　　社交恐惧，是指个体对正常社交活动有一种异乎寻常的强烈恐惧和紧张不安的内心体验，从而出现回避反应。尤其是在人多场合或有异性、权威人士在场的情况下，神经高度紧张，明知恐惧反应是不合理，但无法控制，注意力无法集中，大脑一片空白，感觉焦虑不安，并伴有出汗脸红、说话结结巴巴、动作迟钝等明显症状。

　　社交恐惧症的本质是害怕被拒绝，更是担心不被接纳、不被认可的自卑感。实验表明，如果一个人过分关注自己的恐惧心理，当试图控制紧张、压制害怕时，就会导致心里更加紧张。久而久之，遇到相似的情境就会不由自主地害怕起来，形成恐惧情结。越恐惧越不愿意参加社交活动，结果恐惧被强化，最后陷入恐惧与焦虑的恶性循环之中。

　　下面，我们一起做一个意象游戏。找一个安静的地方，选择一个舒适的姿势，深呼吸放松全身。想象你来到草原，草原上有一个很大的蒙古包，这里正在举办一个篝火晚会。现在你往蒙古包走去，门口有很多人在迎接你。进来之后，你看到有很多人在欢快地唱歌跳舞。现在，你找一个合适的位置坐下来，先观察火光近处有些什么样的人？分别看清楚他们的长相、衣着、动作，也试着给每个人起个名字。现在再看看火光远处有些什么样的人？也分别看清楚他们的长相、衣着、动作，也试着给每个人起个名字。这时你看到火光近处的人正在邀请暗处的人一起加入热闹的晚会。感受一下你此刻的情绪。现在，你先去认识并邀请火光暗处的人一起唱歌跳舞，感受一下此刻的心情。然后，你再去邀请火光近处的人尽情地享受这愉快的夜晚，并感受一下此刻的心情。好了，现在用照相机把这个画面记录下来，留存到你的心中。接下来，你向他们一一拥抱并告别，回到当下。

面对内心所恐惧的事情，要勇往直前地去做，直到成功为止。如果能在别人的藐视中获得成功，那是一件了不起的事，因为它证明你不但战胜了自己，也战胜了别人。只要你能自信地站在这个世界面前，你的人生从此风景如画。

12

境当逆处且从容
——内疚自责心态自我调适

内疚自责是指因个人缺点或过失对某些事情或某人感到惭愧而不安、谴责自己的一种心情。往往有良心和道德上的自我谴责，并试图做出努力，来弥补自己的过失。常常伴有强烈的不安、羞愧、自责、悔恨、郁闷和无地自容、负罪、自悔自恨的情绪。过多的内疚自责感是心灵的"毒药"。若是长期陷于内疚自责当中，会使人陷入压力、紧张和痛苦中，不利于身心健康，最终压垮人的意志。

那么，如何调适内疚自责心态呢？解决这一问题的方法就是构建自信和自我欣赏。请回忆一件令自己十分懊恼自责的事件，设想再一次回到那时的场景中，让画面栩栩如生呈现出来。此时，感受一下自己的内心感觉。现在，请用左手挤压右手的虎口穴位，对自己说：对不起！我对所发生事情负百分百的责任。此时，体验一下内心感受。继续回忆事件画面，再次挤压右手虎口穴位，对自己说：请原谅！我要学会宽恕我自己。此时，体验一下内心感受。继续回忆事件画面，再次挤压右手虎口穴位，对自己说：谢谢你！感谢你一直以来的努力，我绝对相信所有的问题都会以最好的方式获得解决。此时，体验一下内心感受。继续回忆事件画面，继续挤压右手虎口穴位，对自己说：请原谅！我要学会允许我自己出错。此时，体验一下内心感受。继续回忆事件画面，再次挤压右手虎口穴位，对自己说：我爱你！我接纳我自己，我依然相信这个世界上最好的自己。此时，体验一下内心感受。继续回忆事件画面，再次挤压右手虎口穴位，把刚才对自己说的四句话再完整地说一遍：对不起！请原谅！谢谢你！我爱你！坚持一周，你就会发现，你的情绪平和了很多。坚持一个月，你会发现你的内在的喜悦和接纳度在提升。如果这种动作形成习惯记忆，今后遇到不快乐的情绪，你就可以靠挤压右手的虎口位置唤起这种美妙的感觉。

很多时候，我们总是希望得到别人的好。一开始会感激不尽，可是久了便成习惯了。习惯了一个人对你的好，便认为是理所当然了。有一天别人不对你好了，你就会产生怨恨，其实不是别人不好了，而是你最初的要求变了。

ENVISION
13

濡沫相知平淡味
—— 婚姻之痒心态自我调适

婚姻对每个人来说都是很重要的。夫妻关系是我们所有的关系中时间最长的，也是最主要的。把它重视起来，实际上就是重视大部分生活、大部分生命。

当一场轰轰烈烈的恋爱，走过浪漫的结婚典礼，走进柴米油盐的世界，爱情开始接受洗衣做饭带孩子的考验，开始经历锅碗瓢盆交响曲的磨炼。激情逐渐淡去，日常生活平淡重复，进入一段不温不火的生活状态。于是出现不满足现状，夫妻关系冷漠，僵持，以致产生矛盾。这时候，夫妻间开始有了争吵，有了疏离，"痒"随之而发生。

"痒"是婚姻的警钟，它提醒我们对婚姻来个全面的审视：我们该如何经营我们的爱和婚姻呢？你对婚姻的真实想法是什么？那么，首先问自己这样几个问题：你寻找另一半的动机是什么？婚姻对你意味着什么？你进入婚姻的初心又是什么？

解决婚姻问题要从自己内心去寻找答案，任何想通过外在、外求的方式来满足自己内心需要的想法都是南辕北辙的，是不可能实现的。因为一个人内在的东西在外面是找不到的，打一个比方，就像你在房间里丢了东西，你却跑到外面去找，你觉得你能找到吗？无论这个人在外面花多大的心思，投入多大的精力和成本去找，他一定会失望的，因为他原本就不是在外面丢的，他应该在丢东西的地方去找。

当你的婚姻出现问题时，可以用"鞋店体验法"来调适自己。想象你和爱人来到鞋店要各自买一双鞋子，你们看到店里有各种各样的鞋子。现在，请你首先为爱人选择一双鞋子。看看它的样子、颜色、材料，并让她穿在脚上试试，倾听一下她的感受。然后，你再让爱人帮你选一双鞋子，看看它的样子、颜色、材料，然后说出你试穿的感受。最后，你们请一直陪着你们的导购为你们各自推荐一款鞋子，各自穿上试试，互相交流一下你们的感受。这时，你会发现导购为你们推荐的鞋子要比你们彼此为对方选择的鞋子舒适得多。此时，仔细体会一下这其中的奥秘……

> 婚姻，就像缝衣服。我们每个人，都像一件充满破洞的衣服。而高质量的婚姻关系可以将我们的破洞缝补起来，成为一件完整的衣服。我们都应时常问问自己，是在缝补？还是在制造新的破洞？